Isabell Tammer

# HUNDE ERNÄHRUNG

Kosmos

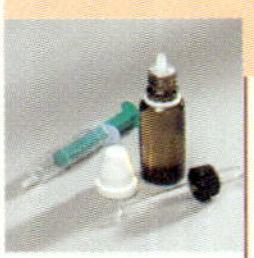

## Futterbestandteile ▸ 86

## Service ▸ 106

# Futterbedarf und Verdauung

# Futterbedarf und Verdauung



## ▸ Stammvater Wolf

Wenn es auch unvorstellbar erscheint, daß unser Haushund vom Yorkshire Terrier bis zum Leonberger ganz ursprünglich vom Wolf abstammt, so gibt es doch zwischen allen noch so unterschiedlichen Hunderassen mehrere Gemeinsamkeiten, die auf den Wolf als Stammvater aller unserer Haushunde schließen lassen.

Wolf und Haushund gehören biologisch betrachtet derselben Art an, da sie miteinander gekreuzt werden können. Die daraus entstehenden Nachkommen sind in der Lage, wiederum fruchtbare Nachkommen zu zeugen. Kreuzt man dagegen ein Pferd und einen Esel, sind die Nachkommen sterile Maulesel oder Maultiere, denn hier wurden zwei zwar nah verwandte, aber doch

Vom Stammvater Wolf haben unsere Haushunde noch viele Verhaltensweisen beibehalten.

**Ob groß oder klein, alle unsere Haushundrassen stammen vom Wolf ab.**

unterschiedliche Arten miteinander gekreuzt.

Ein Wolf lebt in der Regel im Rudel mit anderen Wölfen. In diesem Verband wird ein Tier als Leittier akzeptiert, meist die sogenannte »Alphawölfin«. Im Zusammenleben mit dem Menschen wird die Familie zum Rudel und der Mensch zum Alphatier, dem sich der Hund unterordnet.

## ▸ Ernährung von Wolf und Hund

Wölfe und Hunde sind grundsätzlich Fleischfresser. Betrachtet man nun die Ernährungsgewohnheiten des Wolfes, so zählen, je nach Jahreszeit und Lebensraum, die verschiedensten Tierarten zu seinen Beutetieren. Das Repertoire reicht über Würmer, Insekten, Fische, Mäuse und andere kleine Nage-

»Das riecht gut!« Mit der Nase wird über den Geruch des Futters der erste Kontakt aufgenommen.

tiere bis hin zu Rehen und anderen größeren Säugetieren. Da das Beutetier fast vollständig gefressen wird, erhält der Wolf alle lebenswichtigen Nährstoffe. So wird Kalzium aus den Knochen, Vitamine aus den Nieren und der Leber des erjagten Tieres gewonnen. Wichtig für die Verdauung des Wolfes ist auch der faserige pflanzliche Inhalt aus Magen und Darm der erlegten Beute. Der Wolf ernährt sich also nicht von Fleisch allein, auch wenn er als Fleischfresser bezeichnet wird. Untersuchungen von Kot verwilderter Hunde und von Wölfen haben gezeigt, daß diese Fleischfresser in wechselnden Mengen auch pflanzliches Material wie Früchte, Gräser und Wurzeln zu sich nehmen. Ähnliches macht der Haushund, indem er Gras frißt.

Etwa 95 % aller Hunde neigen dazu, Gras zu fressen. Nach wissenschaftlichen Untersuchungen hängt dieses Verhalten nicht mit einer mangelnden Nährstoffversorgung zusammen, auch wenn es bei wildlebenden Hundearten häufiger in Zeiten der Futterknappheit beobachtet wird.

Die Nahrungsbestandteile einer für den Haushund ausgewogenen Ernährung sollten daher zusammengefaßt sowohl aus Fleisch (tierischem Eiweiß) als auch aus Pflanzen (Kohlenhydraten, Vitaminen, Rohfasern) bestehen.

## Die Verdauung

Die erste Kontaktaufnahme mit dem Futter erfolgt über die Nase. Ihr kommt eine wesentliche, oft unterschätzte Bedeutung zu. Hundenasen sind sehr viel sensibler, als ein Mensch mit durchschnittlich ausgeprägtem Riechvermögen auch nur erahnen kann. Oder können Sie sich vorstellen, die Spur eines Kaninchens allein mit Ihrem Geruchssinn zu finden und ihr dann auch noch zu folgen?

Hunde reagieren auf die Geruchsstoffe des Futters daher weit empfindlicher als Menschen. In zahlreichen sogenannten Akzeptanzversuchen haben Futtermittelhersteller getestet, welcher Geruch für den Hund am ansprechendsten ist. Natürlich entspricht das nicht immer unserem Geschmack. Hundenasen empfinden

### Warum fressen Hunde Gras?

Der Volksmund behauptet, daß es Regen gibt, wenn ein Hund Gras zu sich nimmt. In unseren Breiten mit häufigen Regenfällen ist es sehr wahrscheinlich, daß feuchte Niederschläge mit dem Grasfressen eines Hundes einhergehen. Wissenschaftlich belegt ist diese Theorie allerdings nicht. Daß elektromagnetische Wellen, die für die Wetterfühligkeit der Menschen verantwortlich sein sollen, beim Hund eventuell Verdauungsbeschwerden hervorrufen können, kann nicht völlig ausgeschlossen werden. In der Regel sind es Verdauungprobleme, die den Hund Gras fressen lassen. Es liefert einerseits Ballaststoffe, die die Verdauung anregen, und andererseits können so scharfkantige Gegenstände, wie zum Beispiel heruntergeschluckte Knochen, umhüllt werden. Gleichzeitig unterstützt das aufgenommene Gras das Erbrechen, das dem Hund schließlich Erleichterung bringt und den unerwünschten und unverdaulichen Gegenstand aus dem Magen entfernt. Nicht jeder Hund, der Gras aufnimmt, erbricht aber im Anschluß daran.

einfach anders, da die Futterbedürfnisse eben auch anders sind. Nicht alles, was Herrchen »stinkt«, riecht auch für den vierbeinigen Gefährten unangenehm.

Geruch und Geschmack werden über ähnlich strukturierte Sinneszellen wahrgenommen und gehören daher auch eng zusammen. Das wird uns spätestens dann bewußt, wenn wir bei Schnupfen weder riechen noch schmecken können. Ist der Hund nun also durch den Duft angelockt, wird das Futter aufgenommen und der Geschmack festgestellt. Wurde der individuelle Geschmack getroffen – manche Hunde können da erstaunlich wählerisch sein – beginnt der erste Verdauungsschritt: Mit den Zähnen wird die Nahrung gekaut und zerkleinert.

Mit solchen gesunden Zähnen läßt sich die Nahrung optimal zerkleinern.

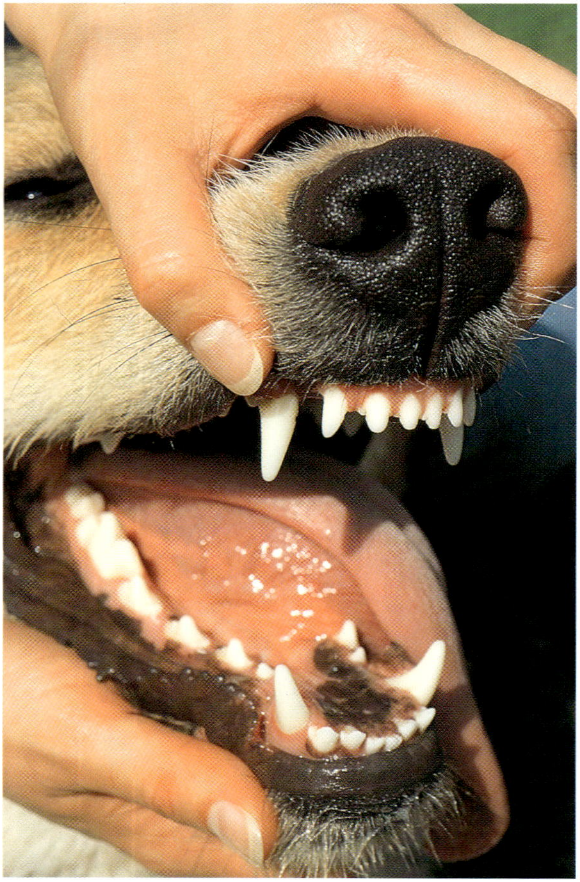

Lebt der Hund im rudelartigen Verband mit anderen Hunden, kann es passieren, daß er sich in der Angst, zuwenig Futter abzubekommen, nicht die nötige Zeit zum Kauen der Nahrung nimmt und sie größtenteils unzerkaut hinunterschlingt. Das so hastig aufgenommene Futter wird später häufig an einem ruhigen Ort wieder erbrochen. Auch dies ist ein Verhalten, das noch aus der Zeit als Wolf stammt. Im Kampf mit den anderen Wölfen um das Beutetier hatte derjenige einen Vorteil, der in kürzester Zeit mehr Nahrung aufnehmen konnte. Durch Erbrechen verschafft sich der überladene Magen Erleichterung. Das erbrochene Futter wird danach wieder gefressen. Bei der zweiten Nahrungsaufnahme des Hundes, die meist versteckt von den anderen Rudelmitgliedern erfolgt, wird das Futter dann ausgiebig gekaut, eingespeichelt und abgeschluckt.

**ZÄHNE ►** Natürlich spielen Mundhöhle und Zähne eine wichtige Rolle beim Aufnahme- und Zerkleinerungsprozeß der Nahrung. Bei Schmerzen, Entzündungen oder anderen krankhaften Veränderungen im Maul kann die Nahrungsaufnahme stark beeinträchtigt sein. Eine Kontrolle der Mundhöhle des Hundes sollte daher in regelmäßigen Abständen erfolgen. Viele Tierärzte empfehlen, den Hunden einmal in der Woche die Zähne zu putzen, um Zahnstein vorzubeugen. Da dies in den meisten Fällen, sofern ein Hund nicht schon als Welpe an die Zahnbürste gewöhnt wurde, ein sehr mühsames Unterfangen ist, müssen oft andere Wege beschritten werden. Die natürliche »Zahnbürste« des Hundes sind Zunge und Speichel. Wird ein Hund viel bewegt und hat Freude am Rennen, so wird beim Hecheln die Zunge wie eine Zahnbürste vor und zurück bewegt und hält so zumindest den zungenwärts gelegenen Teil der Zähne sauber, während die Lefzen die äußere Zahnfläche »reinigen«. Der Speichelfluß wirkt zusätzlich wie eine Munddusche. Von dieser natürlichen Zahnpflege ausgeschlossen sind daher vor allem Schneide- und Eckzähne über dem Zahnfleischrand und die äußere Fläche der Backenzähne. Hier bildet sich leider häufig Zahnstein. Die Entstehung von Zahnstein wird von verschiedenen Gegebenheiten begünstigt. Grundlage ist zunächst die Zahnstellung mancher Hundegebisse, in denen sich aufgrund der engen Stellung der Zähne Futterreste leicht verfangen und hängenbleiben können. In solchen Fällen wird sich Zahnstein leicht anlagern. Zusammen mit der Speichelzusammensetzung und den Bakterien, die sich in der Mundhöhle befinden, entsteht in solch einem Gebiß ein Bakterienrasen auf den Zahnoberflächen, die sogenannte Plaque. Wird nicht von Anfang an die Plaquebildung durch Zahnreinigung unterbunden, beginnt ein Teufelskreis: Bei lange bestehender Plaque werden Mineralbestandteile eingelagert und zunehmend Zahnstein gebildet.

Zusätzlich entwickelt sich durch den bakteriellen Eiweißabbau ein unangenehmer Mundgeruch. Wenn ein Hund ausschließlich weiches Futter vorgesetzt bekommt, scheint die Zahnsteinbildung begünstigt zu sein. Das Futter wird dann nach kurzem Kauen rasch abgeschluckt, und so entfällt die mechanische Reinigung der Zähne durch den Kauvorgang. Als härtere kaupflichtige Futtermittel bieten sich Büffelhautknochen, Ochsenziemer oder andere im Handel befindliche, speziell als »Zahnbürsten« entwickelte Hundekuchen an. Als zähnereinigende Futtermittel sind auch Pansen und die großen Gefäße (Brust- und Bauchaorta) der Schlachttiere zu empfehlen, da sie elastische Fasern enthalten, die beim Kauen ebenfalls über die Zahnoberfläche »bürsten«. Hat sich jedoch bereits Zahnstein gebildet, muß dieser vom Tierarzt unbedingt entfernt werden. Nur eine glatte Zahnoberfläche kann ausreichend gereinigt und saubergehalten werden.

**TIP**

*Bei Mundgeruch ist es wichtig, die Zähne des Hundes auf Zahnstein zu kontrollieren, um ihn dann gegebenenfalls vom Tierarzt entfernen zu lassen.*

**ZUNGE ▸** Die Zunge transportiert den Nahrungsbrei in Richtung Schlund. Auf ihr sitzen verschiedene Sinneszellen für die Geschmackswahrnehmung. Um Flüssigkeiten aufzunehmen, wird die Zunge löffelartig geformt, so daß das Wasser »geschöpft« wird.

Durch den Schluckreflex gelangt der zerkleinerte und eingespeichelte Nahrungsbrei von der Mundhöhle durch die Speiseröhre in den Magen.

**Wenn Ihr Hund aus Pfützen trinkt, schadet es ihm normalerweise nicht, da mögliche Krankheitskeime von der Magensäure meist abgetötet werden.**

Der Magen eines Hundes hat ein erstaunliches Fassungsvermögen. Im Gegensatz zu anderen Tierarten kann er sich auf das Achtfache seines nüchternen Zustandes ausdehnen, ohne Schaden zu nehmen. Während die Speiseröhre die Form eines Schlauches hat, gleicht der Magen eher einem kleinen Sack, dessen Fassungsvermögen je nach Größe des Hundes zwischen einem und neun Litern betragen kann. Das Volumen des Magens eines erwachsenen Menschen liegt im Vergleich dazu zwischen 1,5 und 2,5 Litern. Das Sättigungsgefühl wird neben dem Füllungsgrad des Magens auch auf andere Weise geregelt. Man geht davon aus, daß Hunde instinktiv wissen, wieviel Energie (»Kalorien«) sie benötigen, und daß sie die entsprechende Menge an Futter aufnehmen. Im Vermögen, die Futteraufnahme zu kontrollieren, gibt es erhebliche rassebedingte und auch individuelle Unterschiede. Beagle scheinen beispielsweise diese »innere Uhr«, die ihnen sagt, wann sie genug gefressen haben, nicht mehr zu haben. Setter sind dagegen bei einem Überangebot an Futter in der Lage, die Nahrungsaufnahme so zu regulieren, daß sie ihr Gewicht konstant beibehalten.

Mit der im Magen produzierten Salzsäure wird der Nahrungsbrei zunächst angesäuert. Dadurch werden nahezu alle in der Nahrung enthaltenen Keime abgetötet und die Voraussetzungen für die weitere Verdauung der Nahrung geschaffen. Trinkt Ihr Hund von

Zeit zu Zeit Wasser aus Pfützen, so wird die Mehrzahl der darin enthaltenen Keime von der Magensäure abgetötet. Außer der Salzsäure produziert der Magen noch das Verdauungsenzym Pepsin, von dem immer zu Unrecht behauptet wird, es sei auch in koffeinhaltiger Brauselimonade enthalten und führe zu einer Auflösung des Magens. Tatsächlich spaltet Pepsin Eiweiße auf – und Fleisch ist letztendlich nichts anderes als Eiweiß. Der Gedanke liegt also nahe, daß sich der Magen, da er ja ebenfalls aus Fleisch und somit Eiweiß besteht, in der ständigen Gefahr befindet, von den eigenen Verdauungsenzymen aufgelöst zu werden. Wenn dies der Fall wäre, würden wir und unsere Hunde über kurz oder lang das sprichwörtliche »Loch im Bauch« bekommen. Um den Magen vor einer Selbstverdauung zu schützen, befindet sich eine Schleimschicht als Innenauskleidung im Magen, die diesen Vorgang verhindert.

**DÜNNDARM ▸** Im Magen verweilt das Futter einige Stunden und wird in kleinen Schüben an die nächste Station, den Dünndarm, weitergegeben. Der Futterbrei ist nun nahezu dünnflüssig, und der ursprüngliche Inhalt ist nicht mehr wiederzuerkennen. In den ersten Teil des Dünndarms (Zwölffingerdarm)

**Der Verdauungstrakt des Hundes**

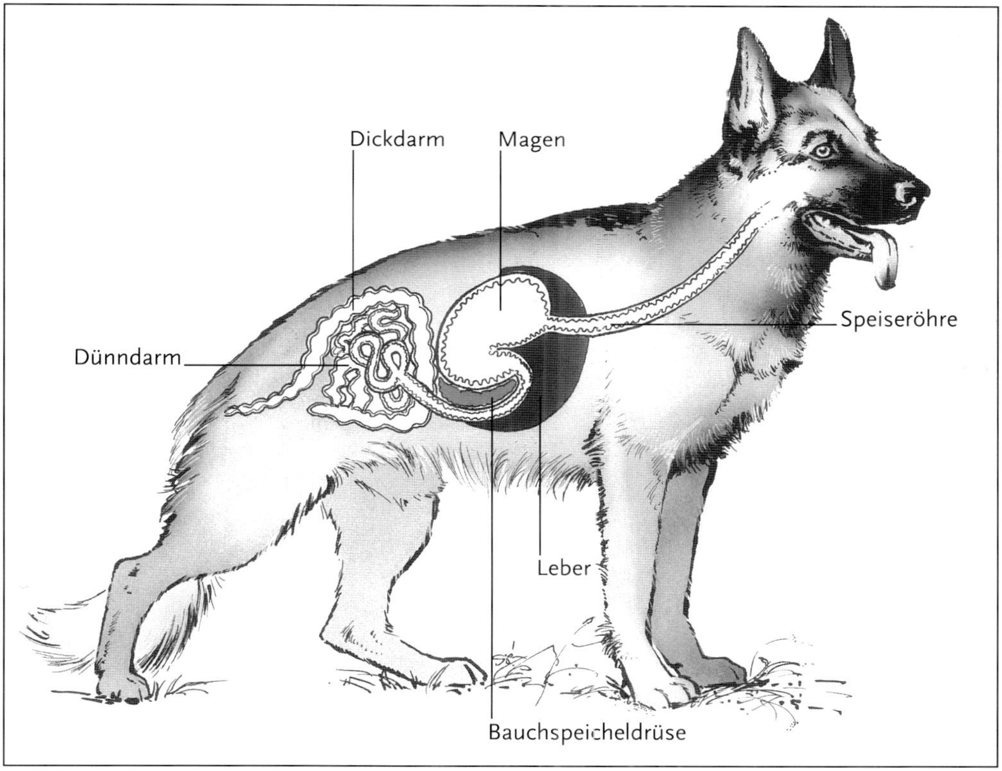

münden Zuflüsse aus Leber und Bauchspeicheldrüse. Diese beiden Organe bilden weitere wichtige Verdauungssäfte, die dazu beitragen, die Nährstoffe abzubauen. So können sie dann vom Körper aufgenommen und verarbeitet werden. Das von der Leber abgegebene Sekret ist die dickflüssige, grüngelbliche, bittere Galle, die zunächst in der Gallenblase gespeichert wird. Kommt der Nahrungsbrei im Dünndarm an, wird die Galle aus der Gallenblase in den Dünndarm abgegeben und unterstützt dort die Fett- und Eiweißverdauung.

**DICKDARM ►** Die Verdauungsenzyme der Bauchspeicheldrüse spalten ebenfalls Eiweiß, aber noch zusätzlich Kohlenhydrate und Stärke, so daß allein die Rohfaseranteile (Gras, Kleie etc.) übrigbleiben, die nur mit Hilfe der Bakterien im letzten Verdauungsabschnitt, dem Dickdarm, aufgespalten werden können. Hier erfolgt hauptsächlich die Resorption des Wassers aus dem immer noch sehr flüssigen Nahrungsbrei, so daß dieser zunehmend »ausgetrocknet« und dadurch eingedickt wird. Im Dickdarm befinden sich, wie bereits erwähnt, auch zahlreiche Bakterien, die ebenfalls an der Verdauung beteiligt sind. Sie allein können aus pflanzlichen Faserstoffen Fettsäuren gewinnen, die dem Organismus dadurch erst zur Verfügung stehen. Neben Wasser werden auch Mineralstoffe und die von den Bakterien gebildeten Vitamine im Dickdarm resorbiert.

Die im Dickdarm siedelnden Bakterien sind in der Regel für die Gesundheit des Hundes unschädlich. Sie gehören sogar zu einer gesunden Darmschleimhaut und versorgen den Hundeorganismus mit Nährstoffen und wichtigen Vitaminen pflanzlichen Ursprungs, die dem Hund sonst nicht zugänglich wären. Durch einseitige Ernährung mit zu viel Eiweiß aus Fleisch oder Schlachtabfällen, kann es zu einer Vermehrung bestimmter Bakterienarten kommen, die für den Organismus allerdings schädlich werden können: Sie bilden dann Ammoniak oder Schwefelwasserstoff. Beide sind für den Körper schädliche Stoffe, die erst durch aufwendige Stoffwechselprozesse über die Leber abgebaut werden müssen.

**KOT ►** Die nicht verdauten Nahrungsbestandteile werden als Kot ausgeschieden. Die Farbe des Kotes ist in der Regel braun, variiert aber mit der Art des aufgenommenen Futters. Im Normalfall ist der Kot wurstartig geformt und weich. Konsistenz und Farbe des Stuhls sollten täglich beim Gassigehen kontrolliert werden, da sie wichtige Anhaltspunkte für die Gesundheit des Verdauungsapparates liefern.

**TIP**

*Insbesondere im Krankheitsfall gibt die Beschreibung des Kotes Ihrem Tierarzt wichtige Hinweise auf die mögliche Ursache der Erkrankung.*

Einige Hunde neigen zu der für uns Menschen äußerst unappetitlichen Eigenart, den Kot von Pferden, Rindern, Schafen oder auch anderen Hunden aufzunehmen. Gesicherte Erkenntnisse über die Ursache dieses Verhaltens liegen nicht vor, jedoch wird angenommen, daß es sich um ein Zeichen von Nährstoffmangel, insbesondere an Vitaminen und Eiweiß, handelt.

Hier folgt dem Fressen die verdiente und sehr wichtige Ruhepause.

**TIP**

*Frißt Ihr Hund seinen Kot, sollten Sie sicherheitshalber einen Tierarzt aufsuchen. Das Fressen des Kots anderer Tiere ist meist unbedeutend.*

Jedoch tritt diese für die Besitzer unangenehme Eigenschaft durchaus auch bei nachgewiesenermaßen ausgewogen ernährten Hunden auf. Allerdings gibt es auch eine krankhafte Form des Kotfressens, vor allem beim Deutschen Schäferhund: Da bei einigen Tieren dieser Rasse die Bauchspeicheldrüse nicht richtig arbeitet, bleiben wichtige Futterbestandteile unverdaut und fehlen dem Hund so zu seiner Versorgung. Dies versucht er zu kompensieren, indem er den eigenen Kot, der ja noch immer viele dieser wichtigen, unverdauten Nährstoffe enthält, noch einmal aufnimmt und erneut zu verdauen versucht. Sollten Sie den Verdacht haben, daß Ihr Hund unter dieser Krankheit leidet, da er vor allem seinen eigenen Kot frißt und den Eindruck erweckt, immer hungrig zu sein und sich trotz guter Futteraufnahme schlecht entwickelt, müssen Sie einen Tierarzt zur genaueren Untersuchung aufsuchen. Alle anderen Formen des Kotfressens scheinen für den Hund keine negativen Folgen zu haben. Ein Risiko besteht in der Übertragung von Würmern oder anderen Krankheitserregern bei der Aufnahme von Hundekot, so daß man diese möglichst verhindern sollte.

**TIP**

*Darf mein Hund Schnee fressen? Im Prinzip spricht nichts dagegen, daß Ihr Hund im Winter seinen Durst mit Schnee löscht. Je nach Empfindlichkeit des Magens kann durch den Kältereiz jedoch Erbrechen ausgelöst werden.*

**Es spricht grundsätzlich nichts dagegen, wenn Ihr Hund im Winter seinen Durst mit sauberem Schnee löscht.**

# Fütterungspraxis

# Fütterungspraxis



»Ein Hund bekommt doch regelmäßig sein Futter und fertig. Was soll daran schon schwierig sein?« Welche Fragen im Zusammenhang mit der täglichen Fütterung auftreten können, merkt man erst, wenn man durch seinen vierbeinigen Hausgenossen gezwungen wird, sich näher mit diesem Thema zu beschäftigen. Da jeder Hundehalter nur das Beste für seinen Vierbeiner möchte, gibt es viele Punkte, die beachtet werden müssen.

## ▸ Futternapf

»Fressen kann der Hund ja aus einer Schüssel.« So einfach und doch gleichzeitig so kompliziert kann schon diese Feststellung sein. Aus welchem Material soll die Schüssel sein? Welche Form ist am sinnvollsten?

Grundsätzlich sollten an einen Futternapf, gleiches gilt auch für den Wassernapf, vier Forderungen gestellt werden: Der Napf sollte schwer genug sein, damit er von dem hungrigen Hund

**Zu einem vorher eingestellten Zeitpunkt wird das Futter im Napf »freigegeben«.**

Für große Hunderassen kann es angenehmer sein, Futter und Wasser aus Näpfen auf einem Ständer aufzunehmen.

nicht hin und her geschoben oder umgeworfen werden kann, und er sollte leicht genug sein, damit er einfach zu handhaben und zu reinigen ist. Gleichzeitig muß er beißfest sein und darf nicht korrodieren. Er sollte rund sein, damit der Hund den Napf besser leeren kann. Diesen Forderungen entsprechen am ehesten Näpfe aus Edelstahl. Sie sind stabil, stehen sicher auf dem Boden und sind leicht zu handhaben. Keramikschalen haben ebenfalls eine gute Standfestigkeit, sind aber aufgrund ihres Gewichtes etwas umständlich zu reinigen. Der Umgang mit Plastiknäpfen ist zwar am einfachsten, da sie aber zerbissen werden können und die Gefahr besteht, daß der Hund ein Stück Plastik verschluckt, sollte man von einem Plastiknapf absehen.

Ebenfalls unpraktisch sind sogenannte »Kombinäpfe«, die aus einer Futter-Trinknapf-Kombination bestehen. Hier wird beim Fressen häufig das Wasser verunreinigt, so daß es ausgewechselt werden muß. Dies ist aber schwierig, solange sich noch Futter im Nebennapf befindet.

### ▸ Trinkwasser

Wassernäpfe sollten so aufgestellt werden, daß der Hund jederzeit Zugang zu frischem Wasser hat. Das ist nötig, denn auch ein Hund kann, wie der Mensch, nur wenige Tage ohne Wasser überleben. Ein Hund verliert das aufgenommene Wasser hauptsächlich über Harn, Kot und Atemluft, aber ebenfalls, wenn auch nur in geringen Mengen, über die Haut und die Schweißdrüsen. Das angebotene Wasser sollte keine Zusätze enthalten und nicht zu kalt sein (nicht unter 5–10 °C). Der tägliche Wasserbedarf eines Hundes liegt etwa

**Hunde brauchen stets die Möglichkeit, frisches und sauberes Wasser trinken zu können.**

bei 50 ml pro Kilogramm Körpergewicht. Eine 20 kg schwere Hundedame (oder -herr) braucht täglich etwa einen Liter Wasser. Wenn Sie Ihren Hund mit Feuchtfutter ernähren, sinkt dieser Bedarf natürlich, da Feuchtfutter ja viel Wasser enthält. Durch Feuchtfutter kann sich der Trinkwasserbedarf auf ein Fünftel bis ein Zehntel reduzieren, in unserem Beispiel also auf 100–200 ml. Mit zunehmender körperlicher Aktivität erhöht sich dagegen der Flüssigkeitsbedarf, wie jeder sporttreibende Hundehalter aus eigener Erfahrung bestätigen kann. Dies geschieht natürlich auch bei höheren Umgebungstemperaturen. Unter diesen Bedingungen verbraucht der Körper viel Wasser, um die Körpertemperatur über die sogenannte Verdunstungskälte zu regulieren. In diesem Zusammenhang sollte besonders darauf geachtet werden, daß einem Hund, der bei sommerlichen Temperaturen im Auto mitreist, spätestens alle zwei Stunden Wasser zur Verfügung stehen muß.

**TIP**

*Trinkt Ihr Hund bei gleichem Futter und gleicher körperlicher Belastung wesentlich mehr Wasser als gewöhnlich, lassen Sie ihn von Ihrem Tierarzt untersuchen!*

Da bei Trockenfutter der Durst etwa zwei bis drei Stunden nach der Mahlzeit sehr hoch ist, sollte der Hund während und nach der Fütterung Wasser trinken können. Die Menge des aufgenommenen Wassers sollte bei unveränderten Voraussetzungen (Futterart, Bewegung, Umgebungstemperatur) ebenfalls gleich bleiben. Es empfiehlt sich, den Wasserverbrauch zu kontrollieren und in regelmäßigen Abständen zu notieren. Trinkt ein Hund wesentlich mehr als gewöhnlich, kann dies im ungünstigen Fall ein Hinweis auf eine sich anbahnende Krankheit sein. Im günstigeren Fall liegt die Ursache lediglich in einer falschen Futterzusammensetzung.

Manche Hunde lieben es, das abgestandene Wasser aus Pfützen, Regentonnen oder Gießkannen zu trinken. In der Regel kann man ihnen das erlauben, sofern keine schädlichen Substanzen (Pflanzendünger, Reinigungsmittel etc.) zugegeben wurden. Es kann nicht ausgeschlossen werden, daß in diesem Wasser Krankheitserreger enthalten sind, normalerweise besteht jedoch keine Infektionsgefahr. Wer auf Nummer Sicher gehen möchte, sollte auf Wanderungen oder längeren Spaziergängen mit einer Wasserflasche und einer leichten Plastikschüssel ausgerüstet sein.

**Hunde mögen es, wenn sie von klein auf am gleichen Platz und zur gleichen Zeit gefüttert werden.**

**Am besten ist es, wenn Ihr Hund ungestört seine Nahrung zu sich nehmen kann.**

### ▶ Freßplatz

Damit sich Ihr Hund an einen bestimmten Freßplatz gewöhnt, sollten Sie ihn immer am selben Ort füttern. Dieser sollte für den Hund jederzeit erreichbar sein. Für Hunde ist es wichtig, dort ungestört fressen und trinken zu können. Damit eine zu hastige Futteraufnahme vermieden wird, sollte der Hund die Gelegenheit haben, alleine zu fressen. Die Gegenwart von »Konkurrenten« – egal ob Mensch oder Hund – führt unter Umständen dazu, daß das Futter auf »Wolfsart« hinuntergeschlungen und -gewürgt wird, ohne ordentlich zerkaut worden zu sein.

Werden mehrere Hunde gleichzeitig gehalten, wäre eine räumliche Trennung der Freßplätze wünschenswert. Dies hat noch zwei andere Vorteile:

auch das rangniedrigste Tier kann dann ungestört fressen und trinken, und außerdem können Sie auf diese Weise kontrollieren, wieviel das einzelne Tier tatsächlich gefressen hat. Ist dies nicht möglich, sollte jeder Hund zumindest seinen eigenen Freßnapf haben und darauf geachtet werden, daß jeder in der »Meute« zu seinem Recht kommt. Apropos Rangfolge: Ihr Hund darf nicht aggressiv reagieren, wenn Sie ihm während des Fressens den Futternapf wegnehmen. Am besten trainieren Sie dies schon im Welpenalter. Allerdings kann auch dadurch nicht ausgeschlossen werden, daß Ihr Hund, wenn es an das Erwachsenwerden geht und er die Rangfolge neu festlegen möchte, einmal aggressiv reagieren wird. An diesem Punkt sollten Sie aber standhaft bleiben und Ihre »Führungsrolle« behaupten.

### Fütterzeit

Wann Ihr Hund sein Futter bekommt, bleibt letztlich Ihrer Zeitplanung überlassen. Aber auch hier gilt, wie bei dem Ort der Fütterung, daß ein festgelegter Zeitpunkt eingehalten werden sollte.

Bestimmte, zu denselben Zeiten stattfindende Fütterungsrituale, wie etwa Büchsenklappern, Dosenöffnerholen oder Rascheln mit dem Trockenfutterbeutel, lösen durch ihre Regelmäßigkeit den sogenannten Pawlowschen Reflex aus: Ihrem Hund läuft im wahrsten Sinne des Wortes das Wasser im Mund zusammen. Durch diese Speichelbildung wird das Verdauungssystem auf die bevorstehende Futteraufnahme vorbereitet, die erste Phase des Verdauungsprozesses ist somit eingeleitet.

Um die Darmperistaltik und damit die Entleerung des Darmes zu unterstützen, braucht der Hund dann wiederum Bewegung. Auf einem Spaziergang bieten sich viele Gelegenheiten, durch einen Kothaufen das Revier zu markieren. Hunde heißen es wahrscheinlich gar nicht gut, daß ihre Herrchen aus Rücksicht auf ihre Mitmenschen die oft kunstvoll plazierten Duftmarken wieder entfernen.

Für vormittags berufstätige Hundebesitzer bedeutet dies, den Hund entweder nach dem Morgenspaziergang

### Nach dem Essen ...

Einige Punkte sollten Sie beachten, wenn Sie den Fütterungszeitpunkt festlegen. »Nach dem Essen sollst Du ruhen ...«. Das gilt insbesondere für unseren Haushund. Zur optimalen Verdauung sollte ihm eine Ruhepause von etwa drei Stunden im Anschluß an die Fütterung gegönnt werden. Gerade bei großwüchsigen Hunderassen muß diese Ruhephase besonders beachtet werden. Der vollgefüllte Magen kann durch Bewegung, durch Laufen und Rennen in Schwingung gebracht werden. Dies kann unter Umständen zu der gefürchteten Magendrehung führen. Der Spruch muß für Hunde also lauten: Nach dem Essen sollst Du ruhen, **dann** erst tausend Schritte tun.

Für Erziehungszwecke spricht natürlich nichts gegen eine schmackhafte Belohnung.

zu füttern, so daß er sich vormittags ausruhen und dabei verdauen kann, oder abends zu füttern, so daß der Verdauungsvorgang über Nacht stattfinden kann. Der Fütterungszeitpunkt kann so nach der individuellen Zeitplanung festgelegt werden, sofern die sich anschließende Verdauungszeit berücksichtigt wird. Die weitverbreitete Meinung, man sollte Hunde abends nicht füttern, rührt noch aus Zeiten, in denen Hunde als Wachhunde ihren Dienst tun mußten. Die Menschen schlossen hier von sich auf andere (nach einem ausgiebigen Essen wird man in der Regel müde) und waren der Ansicht, daß ein satter Hund tiefer schläft als ein hungriger. Hunde sind wachsam oder nicht, hören gut oder nicht. Inwieweit diese Eigenschaften aber mit dem Füllungsgrad des Magens zusammenhängen können, wurde bislang nicht erforscht.

Unregelmäßige Fütterungen und Zwischenhäppchen, beispielsweise durch Bröckchen, die bei der Essenszubereitung in der Küche »herunterfallen«, oder kleine Reste, die nach Tisch übrig sind, sollten auf alle Fälle vermieden werden. Einerseits führt und verführt dies zum Betteln, und Ihr Hund lernt dadurch schnell, daß er sich am besten in der Küche aufhält (wie störend dies auch für denjenigen sein mag, der das Essen zubereiten muß), weil da ja mal was abfallen kann, Selbstbedienung am unbeobachteten, gedeckten Tisch ist natürlich inbegriffen. Andererseits lassen sich die vom Hund tatsächlich aufgenommenen »Kalorien« (Joule) so nicht kontrollieren. Dies muß aber besonders bei Hunden, die zum Fettansatz neigen, so genau wie möglich überwacht werden. Leckerchen zur Belohnung nach einer gelungenen Erziehungsübung sind natürlich erlaubt. Allerdings sollten diese in ihrem Energiegehalt nicht eine komplette Mahlzeit ersetzen. »Leckerchen« vom Tisch sind hingegen grundsätzlich abzulehnen. Auch wenn die schauspielerische Darbietung Ihres Vierbeiners in der Rolle »darbender Hund« beispiellos ist, begehen Sie erzieherisch einen großen Fehler, wenn Sie Ihren Hund bei Tisch füttern. Er wird für die dargebrachte Leistung belohnt und daher zu mehr Betteln bei Tisch angespornt. So entsteht ein Teufelskreis, aus dem man sehr schwer wieder herauskommt. Es spricht allerdings nichts dagegen, das eine oder andere Häppchen vom Tisch zu sammeln und nach dem Essen dem Hund in seinen Napf zu geben.

## ▸ Wie häufig füttern?

Hunde stammen vom Wolf ab, und ein Wolf nimmt unter Umständen nur einmal in der Woche eine große Mahlzeit zu sich. Wenn er keine weitere Beute macht, muß er den Rest der Woche hungern. Daraus kann man schließen, daß es ausreichend ist, wenn Sie Ihren Hund einmal am Tag füttern. Natürlich gilt dies nur für gesunde, erwachsene Tiere, denen keine besonderen Leistungen, wie Trächtigkeit, Rennen oder Schlittenziehen, abverlangt werden.

**MAGENDREHUNG ▸** Genaue Ursachen konnten für die gefürchtete Magendrehung bislang nicht eindeutig ausfindig gemacht werden. Man geht daher davon aus, daß an der Entstehung mehrere Faktoren beteiligt sind. Enthält das verwendete Futter viele Kohlenhydrate (wie z.B. Flocken), kann es bei der Verdauung zu Fehlgärungen und damit zur Entstehung von Gasen

Wenn öfter mal etwas vom Tisch abfällt, stellt sich schnell bei jeder Mahlzeit lästiges Betteln ein.

kommen, wovon insbesondere großwüchsige Rassen betroffen sind. Diese erhöhte Gasentwicklung im Darm wird als einer der Risikofaktoren angesehen, da sich der Magen durch die starke Gasbildung verlagern kann. Ein anderer Faktor ist die bereits beschriebene Bewegung nach der Futteraufnahme.

Die gefährliche Gasbildung kann vermieden werden, wenn der Hund die tägliche Futtermenge auf zwei, drei oder gar vier Portionen verteilt bekommt. Aber auch mit den vielen kleinen Mahlzeiten darf die vom Hund benötigte Kalorienmenge nicht überschritten werden.

**WELPEN ▸** Auch dem Alter sollte bei der Anzahl der Mahlzeiten Rechnung getragen werden: Welpen sind es während der Trächtigkeit gewöhnt, eine nahezu kontinuierliche Nahrungszufuhr zu genießen. Im Laufe der Säugezeit werden die Abstände zwischen den Mahlzeiten automatisch vergrößert, bis der Welpe nach der Entwöhnung von der Mutter zunächst vier, im Alter von vier Monaten drei und schließlich mit einem halben Jahr (kleine Rassen) bis zehn Monaten (große Rassen) Alter nur noch zwei Rationen pro Tag bekommt (siehe ab S. 50). Sobald die Junghunde ausgewachsen sind, ist eine Mahlzeit täglich ausreichend. Ältere Tiere, Hunde mit schlechtem Appetit oder Tiere mit Magen-Darm-Problemen sollten jedoch zwei bis drei Mahlzeiten pro Tag bekommen.

### Mahlzeiten pro Tag

| *Alter* | *kleine Rassen* | *große Rassen* |
|---|---|---|
| bis 6. Monat | 2–4 | 3–4 |
| 6–18 Monate | (1–) 2 | 2 (–3) |
| ab 18. Monat | 1 | 2 (3) |
| ab ca. 8 Jahre | 2 | 3 |

**FASTENTAG ▸** Der Fastentag in der Woche wird unter Hundekennern sehr widersprüchlich eingestuft. Grundsätzlich kann hierzu gesagt werden, daß ein einzelner wöchentlicher Fastentag dem Hund auf keinen Fall schadet. Dem Wolf in freier Wildbahn steht auch nicht täglich Futter zur Verfügung. Allerdings besteht unter gut ausgewogenen Fütterungsbedingungen auch kein Grund, einen Fastentag einzulegen. Wenn Ihr Hund durch die für ihn ermittelten Futtermengen nicht zunimmt, warum sollte er dann überhaupt fasten?

Betrachtet man den Fastentag aus der Hundeperspektive, so kann Ihr vierbeiniger Freund es einfach nicht verstehen, warum die Regelmäßigkeit in seinem Tagesablauf, die maßgeblich durch Fütterung und Spaziergänge bestimmt wird, ohne ersichtlichen Grund unterbrochen wird. Man gewinnt den Eindruck, daß manche Hunde dieses Nichtfüttern als Bestrafung ansehen.

Anders ist es, wenn Ihr Hund aus Anlaß einer Feier oder aus sonstigen Gründen Gelegenheit hatte, sich den Magen »so richtig vollzuschlagen«. In diesem Fall ist ein anschließender Hungertag empfehlenswert, wie auch nach Durchfall oder Erbrechen (siehe ab S. 72). Manchen Tieren kann sogar ständig Futter angeboten werden, so daß sie wählen können, wann sie wieviel fressen möchten, ohne daß sie an Gewicht zunehmen, während andere bei dieser Art Fütterung grenzenlos ver-

Hier kann man nicht mehr kontrollieren, wieviel jeder gefressen hat.

fetten würden. Bei dieser »ad-libitum«-Fütterung (= Futteraufnahme nach Belieben möglich) sollte jedoch nur Trockenfutter verwendet werden, da Feuchtfutter insbesondere bei warmen Temperaturen schnell verdirbt. Es müßte also bei der ad-libitum-Fütterung mehrfach täglich ausgetauscht werden.

### Futtermengen

Wie oft sollte denn ein Hund gefüttert werden? Diese Frage kann man folgenderweise beantworten: Solange sein Gewicht konstant bleibt, darf Ihr Hund so viel fressen, wie er mag. Leider können an dieser Stelle keine genauen Angaben über den Futter- oder Kalorienbedarf eines Hundes gemacht werden.

Ausschlaggebend ist die Art und Weise, wie Ihr Hund die mit dem Futter aufgenommene Energie verwertet.

**Energiegehalt**

1 kJ = 0,24 kcal (Kilokalorien)
1 kJ = 1000 J (Joule)
1 MJ = 1000 kJ (Kilojoule)

Bei jeder Rasse gibt es grundsätzlich zwei Stoffwechseltypen: den Hund, der die aufgenommene Energie verbraucht und in Bewegung und Aktivität umsetzt, und den Hund, der die Energie ansetzt und zum Zunehmen neigt. Obwohl beide Hunde dasselbe Ausgangsgewicht haben können, benöti-

Der Futterbedarf Ihres Hundes richtet sich auch nach seinem Temperament und seinem Bewegungsdrang.

gen sie doch unterschiedliche Mengen desselben Futters, damit das Gewicht konstant bleibt. Weitere Kriterien sind Alter, Umweltbedingungen, Bewegung: Ein Hochleistungssportler verbraucht mehr Energie und muß mehr oder gehaltvoller essen als ein Mensch, der sich von der Bürotätigkeit zum Fernsehsessel bewegt. Als Hundebesitzer müssen Sie Ihr Augenmerk auf ein gleichbleibendes Körpergewicht richten. Zur Kontrolle sollten Sie Ihren Hund etwa einmal im Monat wiegen. Bleibt das Gewicht über mehrere Monate konstant, reichen auch größere Zeitabstände aus. Stellen Sie aber fest, daß Ihr Hund zunimmt, sollten Sie sein Gewicht wöchentlich kontrollieren und die Futtermenge entsprechend reduzieren.

**ERNÄHRUNGSZUSTAND IHRES HUNDES ▶** Das Normalgewicht Ihres Hundes erfahren Sie in den Charakterisierungen für die einzelnen Hunderassen. Schwierig wird es da natürlich, wenn Sie das Normalgewicht eines Mischlingshundes feststellen wollen. Die liebenswerten Mischlinge stellen den weitaus größten Teil aller Hunde dar. Um den Ernährungszustand Ihres Hundes leichter feststellen zu können, sind hier drei Anhaltspunkte aus der Physiognomie Ihres Hundes aufgelistet:

- Verläuft die Bauchlinie, von der Seite betrachtet, vom Brustkorb zum Becken aufsteigend oder eher waagrecht? (Optimal: aufsteigend)
- Ist, von oben betrachtet, eine »Taille« erkennbar? Ist der Bereich hinter den Rippen schlanker als der Brustkorb oder genauso rund wie dieser? (Optimal: schlanker)
- Legen Sie Ihre Hände beidseits an den Brustkorb: Können Sie bei leichtem Druck deutlich die Rippen spüren?

Ist die Bauchlinie aufsteigend, können Sie eine Taille erkennen und die Rippen fühlen, ist Ihr Hund genau richtig ernährt. In Zweifelsfällen fragen Sie Ihren Tierarzt.

**BEISPIELRECHNUNG FÜR DEN BENÖTIGTEN ENERGIEBEDARF ▶** Die von Ihrem Hund benötigte Futtermenge kann aus dem Energiebedarf des Hundes, bezogen auf sein Körper-

Der optimal ernährte Hund hat fühlbare Rippen, eine aufgezogene Bauchlinie und eine von oben sichtbare Taille.

gewicht (kleinere Hunde brauchen im Verhältnis zu ihrem Körpergewicht mehr Energie als größere Tiere), und aus dem Energiegehalt des jeweiligen Futters ermittelt werden. Das heißt, um aus den Angaben zum Energiegehalt der Futtermittelhersteller die benötigte Futtermenge für Ihren Hund zu berechnen, muß der gute alte Dreisatz bemüht werden.

Am Beispiel eines 25 kg schweren Tieres und eines Futters mit einem Energiegehalt von 1,25 MJ verdaulicher Energie pro 100 g Futter sähe das folgendermaßen aus:

- in 100 g Futter sind 1250 kJ enthalten
- ein 25 kg schwerer Hund braucht 5000 kJ, daraus ergibt sich die Formel: (100 g : 1250 kJ) x 5000 kJ = 400 g benötigte Futtermenge. Dies bezieht sich allerdings nur auf einen erwachsenen Hund im sogenannten Erhaltungsstoffwechsel. Das bedeutet, daß er keine besondere Leistung, wie Wachstum, Trächtigkeit oder besondere körperliche Anstrengung, erbringen muß, sondern lediglich den Belastungen eines durchschnittlichen Hundedaseins ausgesetzt ist.

**Bei unterschiedlichen Körpergrößen müssen auch die Futterrationen verschieden groß bemessen werden.**

Je nach Temperament, Agilität, dem Alter, der Außentemperatur, den »Zwischendurch-Häppchen« usw. muß die Futtermenge nach oben oder unten korrigiert werden. Ausführlicher wird dieses Thema noch ab Seite 53 behandelt.

Leider geben die meisten Futtermittelhersteller nicht den Energiegehalt ihres Fertigfutters an, sondern machen sogenannte »Fütterungsempfehlungen«, versehen mit dem Hinweis, daß die Angaben Richtwerte sind und der individuelle Bedarf des Hundes von weiteren Faktoren, wie Rasse, Alter, Aktivität und Haltungsbedingungen, abhängt. Bei selbsthergestelltem Futter wird die Rechnung um einiges komplizierter, da der Energiegehalt für die einzelnen Futterkomponenten ermittelt, auf die tatsächlich verwendete Menge umgerechnet und schließlich addiert werden muß.

Alle komplizierten Rechnungen, Tabellenangaben und Fütterungsempfehlungen zusammengefaßt, läßt sich sagen, daß der ausschlaggebende Faktor für die Futtermenge das Körpergewicht Ihres Hundes ist. Bleibt dieses konstant, füttern Sie Ihren Hund genau richtig.

## ▸ Futterqualität

Schon beim Einkauf sollte man darauf achten, daß die Dosen nicht korrodiert und die Futtersäcke nicht aufgerissen oder feucht sind. Wie beim Einkauf der eigenen Lebensmittel darf auch beim Hundefutter das Mindesthaltbarkeitsdatum nicht überschritten sein. Nur so ist gewährleistet, daß die für das Futter angegebenen Vitamine auch tatsächlich noch enthalten und nicht durch Alterungsprozesse bereits verlorengegangen sind. Hundefutter sollte stets von guter Qualität und hygienisch einwandfrei sein. Hundenahrung mit verdorbenem Geruch, Schimmelbildung oder sonstigen negativen Veränderungen darf nicht verfüttert werden. Daher ist es auch ratsam, Futter, das nach einer halben Stunde nicht gefressen wurde, zu entfernen und kühl zu stellen. Es kann durchaus nach einiger Zeit wieder angeboten werden. Diese Fütterungspraxis hat zwei Vorteile: Das Futter kann einerseits nicht so schnell verderben, und es entstehen keine Gärungsprozesse, die in der Folge zu Unverträglichkeiten führen können. Andererseits wird mancher Hund auf diese Weise dazu erzogen, sein Futter zügig aufzunehmen.

**FUTTERTEMPERATUR ▶** Das Futter sollte auf keinen Fall aus dem Kühlschrank direkt in den Futternapf wandern. Kaltes Futter kann in größeren Mengen die Magenschleimhaut schädigen. Außerdem ist es kalt weniger schmackhaft, als wenn es Zimmertemperatur aufweist. Bei Hunden mit schlechtem Appetit kann man das Futter erwärmen und durch die freigesetzten Geruchs- und Geschmacksstoffe die Akzeptanz erhöhen. Wird das Futter in der Mikrowelle erwärmt, muß auf eine gleichmäßige Erwärmung geachtet werden. Alternativ kann auch heißes Wasser zur Erwärmung des Futters untergemischt werden.

## ▶ Futterumstellung

Sind Sie, aus welchen Gründen auch immer, gezwungen, das Futter umzustellen, sollten Sie langsam vorgehen. Wichtig ist, daß kein abrupter Wechsel des Futters von heute auf morgen stattfinden darf. Jede plötzliche Veränderung kann zu Verdauungsproblemen, wie Durchfall, Blähungen oder Verstopfung führen. Es ist daher ratsam, in immer größer werdenden Portionen das neue Futter dem gewohnten unterzumischen. Ist die Akzeptanz des neuen Futters besser als die des alten, gibt es mit dem Appetit keine Probleme. Verhält es sich allerdings umgekehrt, werden Herrchen und Frauchen große Disziplin und langes Durchhaltevermögen abverlangt. Wenn das neue mit dem alten Futter gut durchmischt werden kann und das neue Futter häppchenweise untergemogelt wird, fällt die Prozedur etwas einfacher. Schwierig ist es im Fall von Trockenfutter, da es manche Futterspezialisten unter den Hunden fertigbringen, das ungeliebte Futter auszusortieren.

**Bei einem Leistungshund nimmt der Kalorienbedarf, ähnlich wie beim Leistungssportler, je nach Beanspruchung zu.**

# Die Futterarten

# Die Futterarten



## ▸ Rechtliches

Um sicherzustellen, daß die Gesundheit von Tieren durch Futtermittel nicht negativ beeinträchtigt wird, und zum Schutz des Verbrauchers vor Täuschung im Verkehr mit Futtermitteln hat der Gesetzgeber das sogenannte »Futtermittelgesetz« verabschiedet. Nach diesem Gesetz ist es verboten, Futtermittel so herzustellen, daß sie bei sachgerechter Verfütterung geeignet sind, die Gesundheit von Tieren zu schädigen. Die gesetzlichen Regelungen bieten die Gewähr, daß Futtermittel, ähnlich wie Lebensmittel, kontrolliert werden können und bestimmte Voraussetzungen erfüllen müssen, bevor sie in den Handel gebracht werden dürfen.

**TIP**

*Futtermittel müssen ausreichend gekennzeichnet sein, so daß der Käufer Wert und Einsatzmöglichkeit beurteilen kann!*

Weiter wird festgesetzt, welche Kennzeichnungen auf einem Futtermittel gemacht werden müssen.
1. Bezeichnung des Futtermittels (z. B. »Alleinfutter für Hunde«)
2. Gewicht
3. Name und Anschrift desjenigen, der das Futter in den Verkehr gebracht hat (Hersteller oder Vertreiber)
4. Inhaltsstoffe und Energiewerte
5. die Zusammensetzung in der Reihenfolge der verwendeten Mengen
6. Zusatzstoffe
7. Mindesthaltbarkeitsdatum
8. Verwendungszweck und die sachgerechte Verwendung des Futters

Die Kennzeichnung muß in deutscher Sprache abgefaßt, deutlich lesbar und haltbar sein. Es ist verboten, durch die Bezeichnung des Futtermittels mit leistungsbezogenen oder gesundheitlichen Wirkungen zu werben. Ebenso dürfen keine Aussagen gemacht werden, die die Beseitigung oder Linderung von Krankheiten oder die Verhütung von Krankheiten versprechen, es sei denn, es handelt sich um ein speziell entwickeltes Diätfuttermittel.

**FUTTERMITTEL ▸** Diese sind durch das Gesetz folgendermaßen definiert: »Stoffe, einzeln (Einzelfuttermittel) oder in Mischungen (Mischfuttermittel), mit oder ohne Zusatzstoffe, die dazu bestimmt sind, in unverändertem, zubereitetem, bearbeitetem oder verarbeitetem Zustand an Tiere verfüttert zu werden.«

**DIÄTFUTTERMITTEL ▸** Dies sind Mischfuttermittel, die dazu bestimmt sind, den besonderen Ernährungsbedarf von Tieren zu decken, bei denen insbesondere Verdauungs-, Resorptions- oder Stoffwechselstörungen vorliegen oder zu erwarten sind.

**ZUSATZSTOFFE ▸** Dies sind Stoffe, die dazu bestimmt sind, Futtermitteln zur Beeinflussung ihrer Beschaffenheit oder zur Erzielung bestimmter Eigenschaften oder Wirkungen, insbesondere zur Beeinflussung von Aussehen, Geruch, Geschmack, Konsistenz oder Haltbarkeit, zu sonstigen technologischen Zwecken oder aus ernährungsphysiologischen oder diätetischen Gründen zugesetzt zu werden. Alle Zusatzstoffe in Futtermitteln müssen gesetzlich zugelassen sein!

**ZUSAMMENSETZUNG ▸** Unter dieser Rubrik wird quasi das Futtermittelrezept verraten. Um das Herstellungsgeheimnis nicht vollends preisgeben zu müssen, brauchen keine Angaben über die mengenmäßige Zusammensetzung gemacht werden. Es reicht, wenn die Angaben in absteigender Reihenfolge gemacht werden, so daß die Komponente, die den größten Teil ausmacht, an erster Stelle steht. Hier tauchen unter anderem dann Bezeichnungen wie Fleisch, tierische Nebenerzeugnisse (Lunge, Milz, Euter, Schlachtabfälle), Getreide usw. auf. Auf die Bedeutung dieser Produkte für die Ernährung des Hundes wird an anderer Stelle eingegangen (siehe ab S. 88). Die Vielzahl der im Handel befindlichen Produkte erscheint für den Anfänger zunächst verwirrend. Grundsätzlich lassen sich drei verschiedene industriell hergestellte Futtermittel für Hunde unterscheiden:

So geht´s auch: Wer seinen Hund regelmäßig wiegt, hat im Blick, ob die Futtermengen dem Energieverbrauch angepaßt sind.

- Alleinfutter
- Ergänzungsfutter
- Beifutter

### Alleinfutter

Alleinfutter sollen bei alleiniger Verfütterung den Nahrungsbedarf eines Hundes in allen Lebensphasen vollständig decken. Sie müssen für Hunde aller Alters- und Leistungsgruppen diese Bedingungen erfüllen. Kritisch betrachtet entspricht dies kaum der Wirklichkeit. Eine Über- oder Unterversorgung mit Nährstoffen in den verschiedenen Alters- und Entwicklungsstadien ist zwangsläufig der Fall. Welpen, tragende und säugende Hündinnen oder Sport- und Arbeitshunde sollten daher besser Spezialfutter oder entsprechend den Anforderungen verändertes Alleinfutter erhalten.

**TIP**

*Wählen Sie das Alleinfutter der jeweiligen Lebensphase entsprechend aus. So verhindern Sie Phasen der Unter- oder Überversorgung Ihres Hundes.*

**TIP**

*Alleinfutter müssen nicht durch Vitamin- oder Mineralstoffzugaben verbessert werden. Sie enthalten alle für die gesunde Entwicklung Ihres Hundes nötigen Nährstoffe.*

Die Bezeichnung »Vollnahrung« wird auf den Futteretiketten oft bedeutungsgleich mit Alleinfutter verwendet. Es darf nicht mit dem Begriff der »Vollwertnahrung« verwechselt werden, die unter anderem von Reformhäusern für die Ernährung von Menschen angeboten wird.

**Welpen brauchen spezielles Futter, das ihrem besonderen Bedarf gerecht wird.**

**Auch aktive Hunde bekommen alle Nährstoffe und Vitamine aus Alleinfutter.**

**FEUCHTIGKEITSGEHALT ▶** Alleinfutter wird aufgrund des Feuchtigkeitsgehaltes unterteilt in:

1. Feuchtfutter (Wassergehalt 70–83 %)
2. halbfeuchte Futter (Wassergehalt zwischen 20–26 %)
3. Trockenfutter (meistens 10–12 % Wassergehalt)

Die Feuchtigkeit, also der Wassergehalt, des Futtermittels muß immer angegeben werden. Die Angabe kann allerdings bei Trockenfutter entfallen, wenn der Wert unter 14 % liegt.Die Angabe der Feuchtigkeit ist von maßgeblicher Bedeutung, da sich die Futtermittel in ihrem Preis-Leistungs-Verhältnis nur dann vergleichen lassen, wenn sie (neben dem Energiegehalt) den gleichen Feuchtigkeitsgehalt haben. Bei gleichem Gewicht kann ein Futtermittel durchaus 10 % mehr Wasser enthalten, preislich jedoch nur 2 % billiger sein als das Konkurrenzprodukt. Das zusätzlich enthaltene »Wasser« wird auf diese Weise teuer bezahlt. Ein genauer Blick auf die Angaben macht sich daher bezahlt.

**Feuchtfutter** Sie werden überwiegend aus Innereien, Muskelfleisch und pflanzlichen Eiweißen hergestellt. Die Kohlenhydratkomponente wird in der Regel durch Reis gedeckt. Zur Bindung des freien Wassers werden Feuchtfuttern oft Dickungs- oder Geliermittel zugesetzt. In einer Hitzebehandlung werden anschließend alle Keime vernichtet.

Damit die Gesundheit Ihres Hundes nicht leidet, hat der Gesetzgeber genaue Richtlinien im Futtermittelrecht festgelegt.

Feuchtfutter in Dosen ist daher vor einer bakteriellen Verderbnis geschützt und im geschlossenen Zustand nahezu unbegrenzt haltbar. Die Vitamine sind allerdings nur begrenzt haltbar und bestimmen daher das Mindesthaltbarkeitsdatum. Der Vorteil des Feuchtfutters liegt darin, daß es sehr gerne von den Hunden gefressen wird. Ist die Dose einmal geöffnet, kann das Futter aufgrund seines hohen Feuchtigkeitsgehaltes, insbesondere bei hohen Umgebungstemperaturen, allerdings schnell verderben. Frißt Ihr Hund seinen Napf also nicht innerhalb einer halben Stunde leer oder bleiben Reste in der Dose, sollten Sie das Futter zur Aufbewahrung in den Kühlschrank stellen.

**Halbfeuchte Alleinfutter** Sie werden im Handel meist in Form von Ringen, strang- oder würfelförmigen Produkten angeboten. Durch wasserbindende Stoffe, die der Trockensubstanz hinzugefügt werden, liegt der Wassergehalt des Futters in der Regel zwischen 20 und 26 %. Die Verdaulichkeit halbfeuchter Futter ist in der Regel höher als die der Trockenfutter. Gleichzeitig werden die halbfeuchten Futtermittelprodukte von den Hunden lieber gefressen als Trockenfutter. Sie lassen sich gut transportieren und sind aufgrund der Konsistenz einfach zu portionieren.

**Trockenfutter** Diese Futtermittel bestehen, neben tierischen und pflanzlichen Eiweißen, meistens zu 50 % aus Getreide. Die tierischen Eiweiße werden aus Tier- und Knochenmehl, die pflanzlichen Eiweiße aus Soja und Mais gewonnen. Weiter werden Fette, Gemüse, Mineralstoffe und Vitamine zugesetzt. Trockenfutter ist in Flockenform oder in gepreßten Brocken im Handel erhältlich.

**TIP**

*Geben Sie Ihrem Hund Trockenfutter immer gut angefeuchtet, mit etwas Pflanzenöl versetzt. Das erhöht den Appetit Ihres Vierbeiners und die Verdaulichkeit des Futters.*

Der Anteil an Asche und Rohfaser sollte insgesamt 10–12 % nicht übersteigen, damit das Futter noch ausreichend Energie enthält, denn Asche und Rohfaser enthalten keine Kalorien (Joule). Im Trockenfutter sollte ein Gehalt von 1,5–3,5 % Rohfasern angestrebt werden, da der Darm bei fehlenden Ballaststoffen zu Trägheit neigt. Überhöhte Gehalte sind ebenfalls unerwünscht, da sie die Verdaulichkeit des Futters erniedrigen und zur Entstehung größerer Kotmengen beitragen.

Die Vorteile von Trockenfutter liegen vor allem darin, daß es wegen des geringeren Gewichtes leichter zu transportieren und zu handhaben ist. Auch auf Reisen gestaltet sich die Fütterung mit Trockenfutter wesentlich einfacher. Aufgrund der geringen Feuchtigkeit ist es, auch wenn der Futtersack geöffnet ist, wesentlich länger haltbar als Feuchtfutter. Viele vierbeinige Gourmets lassen Trockenfutter allerdings »links liegen«, ignorieren es hartnäckig oder sortieren es sogar aus, wenn es unter das gewohnte Futter gemischt wird. Fangen Sie daher möglichst früh an, Ihren Hund an Trockenfutter zu gewöhnen.

Während Feuchtfutter überwiegend in Dosen angeboten wird, sind halbfeuchte Futter und Trockenfutter in Pappschachteln, Tüten oder Säcken erhältlich.

## ▸ Ergänzungsfutter

Ergänzungsfuttermittel sind dazu gedacht, ein vorhandenes Hundefutter zu komplettieren. Aufgrund ihres hauptsächlichen Inhalts werden sie unterteilt in kohlenhydrat- oder eiweißreiche Ergänzungsfuttermittel und Ergänzungsfuttermittel zur Mineralstoff- und Vitaminversorgung. Sind beispielsweise Schlachtabfälle (=Eiweiß) bereits vorhanden, werden diese durch Zumischung von kohlenhydratreichem Ergänzungsfuttermittel zu einer vollständigen Mahlzeit ergänzt. Das gleiche gilt für andere eiweißreiche Futtergrundlagen.

Bilden beispielsweise Reis oder Haferflocken, also Kohlenhydrate die Futtergrundlage, können dann eiweißreiche Ergänzungsfuttermittel hinzugegeben werden. Im Fall der Ergänzungsfuttermittel muß immer geprüft werden, ob der Gehalt an Vitaminen und Mineralien im hergestellten Futtergemisch auch tatsächlich den Bedürfnissen des Hundes entspricht. Unter Umständen ist der zusätzliche Einsatz von weiteren vitamin- oder mineralstoffreichen Ergänzungen nötig. Theoretisch fallen sogar einzelne Dosenfutter unter die Kategorie der eiweißreichen Ergänzungsfuttermittel, da sie einen so hohen Protein-, Mineralstoff- und Vitamingehalt haben. Unter Umständen ist es daher sogar besser, dieses Dosenfutter mit eiweißarmen Produkten oder Kohlenhydraten (Reis, Haferflocken) zu »verdünnen«.

Ergänzungsfuttermittel zur Mineralstoff- und Vitaminversorgung sollten erst dann eingesetzt werden, wenn nach Berechnung der benötigten Vitamine und Mineralstoffe tatsächlich ein Bedarf ermittelt wird. Dies ist hauptsächlich bei selbstzubereitetem Futter der Fall, da alle kommerziell hergestellten Alleinfutter in der Regel dem Bedarf des Durchschnittshundes mehr als gerecht werden.

## ▸ Beifutter

Hundekuchen, -kekse, -biskuits, Spielknochen und sonstige freßbare Häppchen, die zur Belohnung oder zur Beschäftigung des Hundes gedacht sind, gelten als Beifutter. Sie können den täglichen Nährstoffbedarf genausowenig decken, wie eine Tüte Chips oder eine Tafel Schokolade diesen Zweck beim Menschen erfüllt. Auch sind sie ungeeignet, um einem Futter als Ergänzungsmittel zu dienen. Sinnvoll sind sie insofern, als gerade Hunde, die zur Hauptmahlzeit nur Feuchtfutter aufnehmen, zur Zahnpflege und zum Training des Gebisses auch mal etwas Härteres zum Beißen brauchen. Wichtig ist, im Zusammenhang mit der Gewichtsregulierung zu bedenken, daß auch dieses Beifutter Energie, also »Kalorien«, enthält und dazu geeignet ist, bei häufiger Verabreichung ein Tier fettzufüttern.

### ▸ Inhaltsstoffe

Für Alleinfutter und Ergänzungsfutter müssen folgende Futterinhaltsstoffe angegeben werden:

- Feuchtigkeit (wenn über 14 %)
- Rohasche
- Rohprotein
- Rohfett
- Rohfaser

In Mineralfutter:

- Kalzium (Ca)
- Phosphor (P)
- Natrium (Na)

Grundsätzlich besteht das Futter immer aus einem gewissen Anteil an Feuchtigkeit oder »Rohwasser« und der restlichen Trockensubstanz. Selbst Trockenfutter ist nicht »trocken«: Der Anteil an Rohwasser oder Feuchtigkeit beträgt noch bis zu 10 %. Weitere Bestandteile des Futters sind Rohprotein, Rohfett, Rohfaser, Rohasche und die sogenannten stickstofffreien Extraktstoffe. Diese Bezeichnungen finden sich auf jeder Futterpackung und geben die in der Laboranalyse ermittelten Werte für die jeweils genannte Gruppe an.

Rohprotein bezeichnet alle Komponenten des Futters, die Stickstoff enthalten, unter anderem und hauptsächlich die Eiweiße.

Unter Rohfett werden all jene Stoffe zusammengefaßt, die sich nach dem Analyseverfahren in Ether lösen. Gemeint sind hauptsächlich Neutralfette und Öle. Wichtig sind insbesondere die sogenannten essentiellen Fettsäuren, mit denen der Organismus versorgt werden muß. Ohne Fette kann der Körper auch keine fettlöslichen Vitamine aufnehmen.

Alle pflanzlichen Zellwandstoffe, die in der Regel nicht verdaulich sind und die sogenannten »Ballaststoffe« stellen, werden als Rohfaser bezeichnet. Sie sind zur Regulierung der Darmtätigkeit und zur Stabilisierung der Kotkonsistenz unentbehrlich.

Rohasche steht für alle Mineralstoffe, also Kalzium, Natrium, Kalium, Chlor usw., aber auch für weniger wertvolle Bestandteile, wie zum Beispiel Sand. Als letzter Rest bleiben noch die stickstofffreien Extraktstoffe, womit die Kohlenhydrate bezeichnet werden.

Dies alles sind Bezeichnungen für Futterinhaltsstoffe, die aufgrund eines speziell entwickelten Futteranalyseverfahrens vergeben wurden.

Die laboranalytische Ermittlung dieser Inhaltsstoffe ermöglicht erst eine Bestimmung des Energiegehaltes des Futters. Leider wird dieser Energiegehalt generell nicht auf dem Futtermittel angegeben, sondern muß erst mühselig und kompliziert errechnet werden.

Dieser Westie kaut hingebungsvoll an seinem Kauknochen.

**Zusätzliche Vitaminrationen für Ihren Hund sollten Sie unbedingt mit seinem Tierarzt absprechen.**

**ZUSATZSTOFFE ▸** In der Regel sind dann noch sogenannte Zusatzstoffe aufgelistet. Zusatzstoffe werden dem Futtermittel zugesetzt, um es hinsichtlich der Nährstoffversorgung des Hundes zu vervollständigen, um die Haltbarkeit des Futters und den Geschmack zu verbessern oder um technologischen Bedürfnissen bei der Futterherstellung gerecht zu werden. Im einzelnen sind dies Spurenelemente (Eisen, Jod, Kobalt, Kupfer, Mangan, Molybdän, Selen, Zink), Vitamine (Vitamin A, B1, B2, B6, B12, C, D, E, K, Beta-Karotin, Biotin, Pantothensäure, Folsäure, Nikotinsäure), Antioxidantien, Aromastoffe, appetitanregende Stoffe, Konservierungsstoffe, färbende Stoffe, Säureregulatoren, Emulgatoren, Stabilisatoren, Verdickungs- und Geliermittel.

So erschreckend diese Aufzählung klingen mag, so unbedenklich sind diese Zusatzstoffe in der Regel. Theoretisch ist jeder einzelne dieser Stoffe dazu in der Lage, eine Futtermittelallergie auszulösen, ähnlich wie beim Menschen auch. Allerdings ist das tatsächlich nur bei den wenigsten Stoffen der Fall. Spurenelemente und Vitamine sind unverzichtbar. Da gerade Vitamine durch den Herstellungsprozeß des Futtermittels verlorengehen, werden sie wieder zugesetzt, damit ein Futter ein komplettes Alleinfutter werden kann.

## ▸ Vitamine

Vitamine sind für Mensch und Tier lebensnotwendig. Die benötigten Mengen sind allerdings sehr gering. Vitamine werden in zwei Gruppen eingeteilt: fettlösliche und wasserlösliche Vitamine. Zu den fettlöslichen gehören die Vitamine A, D, E und K, zu den wasserlöslichen zählen die B-Vitamine (B1,

B2, B6 und B12), Vitamin C, Biotin, Folsäure, Nikotinsäure und Panthotensäure. Welche Bedeutung sie für den Organismus haben und in welchen Nahrungsmitteln sie bevorzugt vorkommen, ist in der Tabelle Seite 110/111 zusammengestellt. In der heutigen Tierernährung kommt ein Vitaminmangel seltener vor als eine Überversorgung. Da bei den Vitaminen der Spruch »Viel hilft viel!« nicht zutrifft, ist dies eine problematische Entwicklung. Menschen und Hunde können nur die überflüssigen wasserlöslichen Vitamine mit dem Urin ausscheiden. Eine Vitamin C-Vergiftung wird niemand bekommen. Die fettlöslichen Vitamine können aber nicht einfach mit dem Harn ausgeschieden werden. Daher wird ein an diesen Vitaminen überversorgter Organismus genauso krank wie ein unterversorgter.

**TIP**

*Grundsätzlich sollte man darauf achten, Vitamine nicht überzudosieren!*

Wer dem regulären Hundefutter Vitamine zusetzt, sollte ganz genau über den tatsächlichen Bedarf des Hundes Bescheid wissen. Werden zu viele Vitamine verfüttert, können oft ähnliche Krankheitsbilder entstehen wie bei einer Vitaminunterversorgung.

## Mineralstoffe

Auch die Mineralstoffe werden in zwei Gruppen unterteilt: Mengenelemente und Spurenelemente. Die Einteilung in diese beiden Gruppen richtet sich nach dem Bedarf des Organismus: Mengenelemente werden in größeren Mengen benötigt (Bedarf in Gramm pro Kilogramm = g/kg Körpergewicht), während Spurenelemente nur in Spuren im Futter enthalten sein müssen (Milligramm = 1/1000 Gramm pro Kilogramm = mg/kg Körpergewicht).

**MENGENELEMENTE ▸** Hierzu zählen: Kalzium (Ca), Phosphor (P), Magnesium (Mg), Natrium (Na), Kalium (K) und Chlor (Cl). Kalzium und Phosphor dienen vornehmlich dem Knochenaufbau und stabilisieren das Skelett. Darüber hinaus ist Kalzium noch wichtig für die Kontraktionsfähigkeit der Muskeln und für die Blutgerinnung. Kalzium ist vor allem in Knochen- und Tiermehlen und in Milchprodukten (Käse, Quark) enthalten. Die Aufnahme von Kalzium über den Darm wird über Hormone und Vitamin D gesteuert und beeinflußt. Funktionieren diese hormonellen Abläufe nicht, wirkt sich das auf den Organismus genauso wie ein Kalziummangel aus, da es letztlich für den Körper im Endergebnis egal ist, ob er kein Kalzium aufnehmen kann, weil keines in der Nahrung enthalten ist, oder ob er keines aufnehmen kann, weil kein Vitamin D vorhanden ist oder weil die Hormone, die die Aufnahme steuern, nicht vorhanden sind. Der Effekt und die entsprechenden Krankheitssymptome sind dieselben.

Phosphor und Kalzium arbeiten Hand in Hand. Im Futter muß immer ein entsprechendes Verhältnis an Kalzium und Phosphor vorhanden sein. Dieses Verhältnis sollte bei 1,3 : 1 (Kalzium zu Phosphor) liegen. Das bedeutet, daß bei einem Gehalt von 5 g Phosphor der Kalziumgehalt bei 6,5 g liegen sollte. Der Körper kompensiert einen Kalzi-

**Während des Haarwechsels benötigen langhaarige Rassen mehr Spurenelemente.**

um- und Phosphormangel, indem er beide Mineralstoffe aus den Skelettknochen herauslöst. Mit der Zeit entstehen auf diese Weise gesundheitliche Schäden wie Lahmheiten, Zahnlockerungen, Verbiegungen des Skeletts und Knochenbrüche. Glücklicherweise werden diese Erscheinungen heute kaum noch beobachtet.

Ausgewachsene Hunde brauchen täglich etwa 100 mg Kalzium und 75 mg Phosphor pro kg Körpergewicht, damit eine ausreichende Versorgung gewährleistet ist. Wird ein Überschuß an Phosphor gefüttert, wird dadurch die Aufnahme von Kalzium, Magnesium und Eisen beeinträchtigt. Gleichzeitig muß das überschüssige Phosphor über die Niere ausgeschieden werden, was unter Umständen die Bildung von Harnsteinen begünstigt.

Magnesium verteilt sich zu etwa gleichen Teilen auf Knochen und Weichteile. Es ist für den Eiweiß-, Kohlenhydrat- und Fettstoffwechsel unentbehrlich. Magnesiummangel führt zu Muskelschwäche und -krämpfen und zur Verkalkung von Herzklappen und großen Blutgefäßen. Ein Überschuß begünstigt ebenfalls die Bildung von Harnsteinen. In der Regel ist Magnesium in ausreichender Menge im Futtermittel enthalten.

Natrium und Chlorid sind in zusammengesetzter Form uns allen als Natriumchlorid, also Kochsalz, bekannt. Beide Elemente sind vor allem im Blut enthalten und helfen hier das Säure-Basen-Gleichgewicht aufrechtzuerhalten. Gleichzeitig sind sie mitverantwortlich für die Regulation des Wasserhaushaltes. Durchfall und Erbrechen führen zu einem starken Verlust an Natrium und Chlorid, da beide Elemente in großen

Mengen im Magensaft enthalten sind. Bei einem länger andauernden Mangel trocknet der Körper aus, und die Leistungsfähigkeit nimmt ab. Kreislaufstörungen und Gewichtsverluste sind weitere Anzeichen für einen Natrium-Chlorid-Mangel.

Salzvergiftungen können nach der Aufnahme von stark gesalzenem Fleisch, Fisch oder Meerwasser auftreten. Normalerweise wird diese erhöhte Salzaufnahme durch das Trinken von salzfreiem Wasser wieder ausgeglichen.

Kalium ist überwiegend in den Körperzellen enthalten und reguliert hier, ähnlich wie Natrium im Blut, den Säure-Basen-Haushalt. Bei jungen Hunden führt ein Kaliummangel zu verminderter Gewichtszunahme. Ein Überschuß wird bei ausreichendem Wasserangebot komplikationslos über die Nieren ausgeschieden.

**SPURENELEMENTE ▸** Hierzu gehören Eisen (Fe), Kupfer (Cu), Zink (Zn), Mangan (Mn), Jod (J) und Selen (Se).

Eisen ist ein wichtiger Bestandteil des Blutfarbstoffs Hämoglobin der roten Blutkörperchen. Da die roten Blutkörperchen für den Sauerstofftransport verantwortlich sind und ohne Eisen keine roten Blutkörperchen entstehen, ist Eisen für die Sauerstoffversorgung des Körpers verantwortlich. Eisen ist vor allem in Muskelfleisch enthalten und wird daher über das Futter meist in ausreichenden Mengen zur Verfügung gestellt. Eisenmangel entsteht nach Verletzungen durch größere Blutverluste oder bei blutigen Durchfällen, starkem Parasitenbefall und unter Umständen während des Haarwechsels bei langhaarigen Hunden, da pigmentierte Haare sehr viel Eisen enthalten.

Kupfer ist ebenfalls wichtig zur Blut- und Pigmentbildung. Der Bedarf ist ebenfalls im Haarwechsel erhöht. Eine Kupferunterversorgung ist äußerst selten zu beobachten. Bei Kupferüberschuß wird Kupfer in der Leber gespeichert und kann die Leber dauerhaft schädigen. Es ist vor allem in Herz, Leber, Euter und Pansen enthalten.

Ein Mangel an Zink macht sich vor allem bei Hauterkrankungen bemerkbar, da Zink Bestandteil zahlreicher Enzymsysteme des Haut- und Haarstoffwechsels ist. Die Zinkaufnahme aus dem Futter wird durch hohe Gehalte an Kalium, Kupfer, Weizenkleie oder Sojaschrot im Futter behindert. Eine Unterversorgung macht sich durch Haarausfall und -aufhellung sowie in borkigen Auflagerungen an den Augen und im Schnauzenbereich bemerkbar. Rindfleisch, Leber, Herz und Lunge enthalten das Spurenelement Zink in ausreichenden Mengen.

Mangan kommt ebenfalls in vielen wichtigen Enzymen vor. In der Regel ist es in allen Futtermitteln ausreichend enthalten, Mangelerscheinungen sind nicht bekannt.

Jod und die Schilddrüsenhormone stehen in enger Beziehung miteinander. Bei Jodmangel bildet sich der sogenannte Kropf aus. Die Schilddrüse versucht den Mangel an Jod durch einen erhöhten Stoffwechsel und Vergrößerung der eigenen Kapazitäten auszugleichen. Bei Jodmangel können nicht mehr genügend Schilddrüsenhormone gebildet werden, und es kommt zu Leistungsabfall, Teilnahmslosigkeit, Haarverlust, Fruchtbarkeitsstörungen, Gewichtsabnahme und Wassersucht. Da Deutschland als Jodmangelgebiet gilt, wird empfohlen, jodarmen Futter-

**Diese gesunden, bewegungsfreudigen Jack Russell Terrier bekommen alles im Futter, was sie brauchen.**

mitteln jodhaltiges Speisesalz zuzusetzen. Denn durch längeres Kochen des Futters oder einseitige Verfütterung von Fleisch und Schlachtabfällen ist eine ausreichende Versorgung mit Jod nicht mehr gewährleistet.

Selen spielt eine wichtige Rolle im Immunsystem und damit in der Infektionsabwehr. Es sollte immer in ausreichender Menge im Futter enthalten sein, auch wenn bei ausgewachsenen Hunden bisher keine Mangelerscheinungen beschrieben wurden. Eine wichtige Rolle spielt Selen gemeinsam mit Vitamin E bei den Entgiftungsprozessen.

Weitere Zusatzstoffe müssen erst zugelassen werden, damit sie dem Futter zugesetzt werden dürfen. Antioxidantien verhindern vor allem das Ranzigwerden von Fetten. Besonders anfällig sind die hochgradig ungesättigten Fettsäuren, die chemisch gesehen sehr anfällig für Veränderungen sind. Durch die sogenannte Oxidation werden sie verändert und ungenießbar. Antioxidantien sollen diesen Prozeß verhindern und die Futterqualität stabiler halten.

Aroma- und appetitanregende Stoffe sollen den Geschmack des Futters verbessern und den Appetit unserer Vierbeiner anregen. Durch Zusatz von Konservierungsstoffen wird eine längere Haltbarkeit des Futters erreicht, was aufgrund der langen Wege und der Lagerhaltung im Futterhandel und beim Endverbraucher gefordert wird. Färbende Stoffe sollen das Futter optisch aufwerten und sind in der Regel natürlich oder naturidentisch.

Säureregulatoren, Emulgatoren, Stabilisatoren, Verdickungs- und Geliermittel sind aus technologischen Gründen oft unverzichtbar.

### Überblick über die Arten von Fertigfutter

| *Fertigfutter* | *Eingeteilt in* | *Zweck* |
|---|---|---|
| Alleinfutter | Trockenfutter<br>Feuchtfutter<br>Halbfeuchte Futter | Decken den Nahrungsbedarf eines Hundes vollständig ab |
| Ergänzungsfutter | Kohlenhydratreiche Futter<br>Eiweißreiche Futter<br>Mineralfutter<br>Vitaminisierte Futter | Sollen Alleinfutter zur Deckung des Nährstoffbedarfs in speziellen Situationen vervollständigen |
| Beifutter | | Belohnung<br>Zahnreinigung<br>Beschäftigung |

# Ernährung in den Lebensphasen

# Ernährung in den Lebensphasen



## ▸ Lebensphasen

Die Ernährung eines Hundes kann grundsätzlich in die drei Lebensphasen unterteilt werden: die Ernährung des Junghundes, des erwachsenen Hundes und des alten Hundes. Unter besonderen Bedingungen oder Belastungen, wie zum Beispiel Trächtigkeit, Schlittenrennen, Jagdeinsatz, Hütearbeit und so weiter, muß das Futter den geforderten Leistungen angepaßt werden. Hier soll daher auf die verschiedenen Lebensumstände eines Hundes und die entsprechende Ernährung eingegangen werden.

## ▸ Junghund

Als »Junghunde« bezeichnet man Welpen nach dem Absetzen, also im Alter von acht bis zwölf Wochen, bis hin zu etwa einem Jahr alten Tieren. In diesen Zeitraum fallen alle Wachstumsprozesse, die den Grundstein für die spätere Gesundheit des erwachsenen Tieres legen. Im Gegensatz zum Menschen, bei dem es bis zu 16 Jahre dauert, ehe er als ausgewachsen gilt, ist diese Zeitspanne beim Hund auf ein Jahr komprimiert. Beachtet man weiterhin, daß das Gewicht eines ausgewachsenen Hundes im Extremfall 70 kg und mehr betragen kann, was dem Durchschnittsgewicht eines erwachsenen Menschen entspricht, wird um so deutlicher, warum die richtige Fütterung und Ernährung gerade in dieser Phase eine so große Bedeutung für das ganze Leben des Hundes hat. Werden, insbesondere bei Welpen großer Rassen, Fehler begangen, rächt sich dies später durch Knochenfehlstellungen, in deren Folge dann Gelenksentzündungen und andere schmerzhafte Prozesse entstehen können. Gleichzeitig ist es das Wesen junger Hunde, große Spiel- und Bewegungsfreude zu zeigen, so daß sehr viel Energie für diese Betätigung verbraucht wird. Wachstum und Bewegung erfordern daher Futter mit ausreichendem Energie-, Vitamin- und Mineralstoffgehalt.

**GEWICHTSZUNAHME UND GRÖSSENWACHSTUM ▸** Die Größe, die das einzelne Tier erreichen kann, ist genetisch festgelegt und kann aufgrund der unterschiedlichen Zusammensetzung der Erbfaktoren innerhalb eines Wurfes von Tier zu Tier variieren. Besonders deutlich wird dies, wenn man sich den Nachwuchs aus Kreuzungen unterschiedlich großer reinrassiger Elterntiere ansieht: In einem Wurf können alle möglichen Größen, die zwischen den beiden Elterntieren liegen, erreicht werden. Selbst innerhalb eines Wurfes reinrassiger Eltern sind nicht alle Nachkommen gleich groß. Verabreicht man nun Futter mit hoher Energie- und optimaler Nährstoffzusammensetzung, beschleunigt dies das Wachstum des Welpen. Zunächst wird die aufgenommene Energie in Form von Eiweiß für Muskeln und Organe, später in Form von Fett gespeichert. Parallel nimmt das Längenwachstum der Knochen zu, wobei die Ausbildung der tragenden Teile des Knochens allerdings zurückbleibt. Die erblich festgelegte Größe wird so zwar schneller erreicht, kann jedoch nicht wesentlich überschritten werden. Gleichzeitig lastet zuviel Gewicht auf Knochen, die dieser Belastung noch gar nicht standhalten können. Als Folge passen sich die Knochen dem Druck des Körpergewichtes und dem Zug der Muskeln an und werden auf diese Weise verformt. Es erscheint daher sinnvoller, eine langsamere Gewichtszunahme und Größenentwicklung anzustreben, die eine gleichmäßige Entwicklung aller am Wachstumsprozeß beteiligten Gewebearten gewährleistet. Neben anderen Nährstoffen sollte im Wachstum besonders auf eine ausreichende Eiweißversorgung und auf ein ausgewogenes Kalzium-Phosphor-Verhältnis im Futter geachtet werden.

Die Fütterung des Junghundes stellt in dieser Hinsicht einen schwierigen Balanceakt zwischen zuviel und zuwenig dar. Zuviel Eiweiß bewirkt ein zu schnelles Wachstum und zu schnelle Gewichtszunahme für noch zu instabile

**Welpen brauchen hochwertiges Futter, da sie sich schnell entwickeln.**

Knochen. Eiweißmangel führt hingegen zu Entwicklungsstörungen und Infektionsanfälligkeit. Beides läßt sich am Junghund zunächst nicht ohne weiteres feststellen. Als Maßstab für das Futter wachsender Hunde gilt, daß pro MJ (= 1000 kJ = 240 kcal) verdaulicher Energie etwa 10–12 g verdauliches Rohprotein (= der Gehalt an Eiweiß, den der Körper tatsächlich aufnehmen und verarbeiten kann) im Futter enthalten sein sollte. Zuwenig Kalzium im Futter führt zu einer nicht ausreichenden Mineralisation des Knochens, der sich dann verformt. Wird zuviel Kalzium verabreicht, kann dies ebenfalls zu einer verzögerten Knochenreifung führen.

**VITAMIN D ►** Eine Schlüsselposition nimmt hier Vitamin D ein: Es fördert einerseits im Darm die Aufnahme von Kalzium und unterstützt andererseits die Einlagerung von Kalzium in die Knochen. Ein Vitamin D-Mangel hat folglich dieselben Auswirkungen wie ein Mangel an Kalzium. Allerdings muß hier berücksichtigt werden, daß kalziumarmes Futter nicht durch Zugaben von Vitamin D verbessert werden kann. Eine Überversorgung mit diesem Vitamin, beispielsweise durch Lebertrangaben, kann zu Gefäßverkalkungen und Kalkablagerungen in anderen Organen führen. Einen Überblick über den Bedarf des wachsenden Hundes an diesen und anderen Mineralstoffen, Spurenelementen und Vitaminen vermittelt die Tabelle ab Seite 110.

**MAHLZEITEN PRO TAG ►** Je nach Alter des Hundes sollte das Futter auf mehrere Mahlzeiten pro Tag verteilt

**Um die Gewichtsentwicklung beurteilen zu können, werden Welpen regelmäßig gewogen.**

werden. Vor der Geburt wurde der Welpe über die Nabelschnur permanent mit Nährstoffen versorgt, als Saugwelpe hatte er Tag und Nacht etwa im Abstand von zwei Stunden die Gelegenheit zu saugen. Diese Frequenz wird nach und nach verändert, so daß der Welpe beim Absetzen im Alter von acht bis zwölf Wochen noch viermal täglich gefüttert werden sollte. Mit 12–18 Monaten ist eine einmalige Fütterung dann ausreichend.

### Anzahl der Fütterungen am Tag

| *Alter des Hundes* | *Anzahl der Fütterungen* |
|---|---|
| bis 6 Monate | 4 |
| 6–12 Monate | 2–3 |
| 12–18 Monate | 1–2 |

Nehmen Sie immer das Verhalten Ihres Hundes als Maßstab für seine Gesundheit und sein Wohlbefinden. Ein jugendlicher Hund sollte lebhaft sein und neugierig seine Umwelt erkunden. Nach körperlicher Aktivität darf er müde sein und ausgiebig schlafen. Keinesfalls darf er aber längere Zeit schlapp und uninteressiert in einer Ecke hocken oder liegen. Fällt Ihnen ein solches Verhalten auf, sollten Sie auf jeden Fall den Tierarzt aufsuchen.

**Man kann sich gut vorstellen, daß diese beiden sehr unterschiedliche Futtermengen zu sich nehmen.**

### Erwachsener Hund

Nach Abschluß der Wachstumsphase dient die aufgenommene Energie nur noch der Deckung des sogenannten Erhaltungsstoffwechsels. Erhalten und durch Energiezufuhr unterhalten werden müssen vor allem essentielle Lebensfunktionen wie Atmung und Blutkreislauf. Viel Energie wird für das Aufrechterhalten der konstanten Körpertemperatur und für alle Bewegungen verbrannt. Der Erhaltungsbedarf eines Hundes ist weiter abhängig von seiner Größe, seinem Temperament, der Bewegungsmöglichkeit und seiner Rasse. Natürlich verbraucht ein aktiver Hund, der täglich mehrere Stunden rennt,

**Bei Familienhunden ist es wichtig,...**

ähnlich wie ein Sportler, mehr Energie als ein ruhiger Vertreter, der nur spazierengeht. Kleinere Hunde sind stoffwechselaktiver als große, das bedeutet, daß sie pro Kilogramm Körpergewicht mehr Energie verbrauchen als große Hunde. Man spricht deshalb auch von der sogenannten metabolischen Lebendmasse. Würde also ein Yorkshire Terrier mit etwa 3 kg Körpergewicht zur Deckung seines Erhaltungsbedarfes 150 g Dosenfutter benötigen, bräuchte eine Dogge mit 60 kg Körpergewicht nicht 3 kg Dosenfutter, sondern nur 2,5 kg. Hunde mit langem, dichtem Fell und einer Neigung zur Bildung von Unterhautfett (Chow-Chow, Husky etc.) verstoffwechseln weniger Energie als solche mit kurzem Stichelhaar. Letztere setzen das aufgenommene Futter also eher um als an.

Hunderassen, die zu Gewichtszunahme neigen, sind unter anderem Labrador, Cairn Terrier, Bassett, Cavalier King Charles Spaniel und Beagle.

Deutscher Schäferhund, Greyhound, Yorkshire Terrier, Dobermann, Staffordshire Bull Terrier und Whippet bleiben dagegen eher normalgewichtig.

Wenn wir uns vorstellen, unsere Nahrung solle tagtäglich aus Schnitzel, Pommes frites und Salat bestehen, würde unser Appetit sicher bald erlahmen. So ausgewogen diese Mahlzeit auch sein mag, allein die Vorstellung, Tag für Tag dasselbe essen zu müssen, verdirbt uns den Appetit. Der »menschliche« Rückschluß auf den Hund stimmt aber nicht: Ein Hund braucht kein abwechslungsreiches Futter, sofern er vollständige und ausgewogene Rationen erhält. Bei manchem Hund kann bei einer Futterumstellung kurzfristig gesteigerter Appetit beobachtet werden, so daß der Besitzer zu dem Schluß kommen könnte, auch der Hund möchte mal etwas anderes fressen. Andere Tiere neigen jedoch bei einer abrupten Umstellung zu Durchfall und Erbrechen. Generell gilt, daß einem gesunden Hund ohne Einschränkung ein und dasselbe Futter als Dauernahrung gegeben werden kann. Dieses Vorgehen macht auch eine Überwachung des Gewichtes einfacher, da man mit der Zeit ein gewisses Futtermaß entwickelt, bei dem der Hund sein Normalgewicht halten kann. Noch eine Bemerkung zum Schluß: Sie tun Ihrem erwachsenen Hund keinen Gefallen, wenn Sie ihm beispielsweise weiterhin spezielles Welpenfutter geben. Welpenfutter ist weit energiereicher, führt zu Übergewicht und durch seinen erhöhten Gehalt an Eiweiß, Kalzium und Phosphor unter Umständen sogar zu Nierenversagen.

**DER FAMILIENHUND ▶** Das Leben eines Familienhundes bringt viele Vorteile für beide Seiten. Kinder lernen, verantwortungsbewußt mit einem Lebewesen umzugehen, das von ihnen abhängig ist. Gleichzeitig müssen lästige Pflichten übernommen werden, um den Bedürfnissen des Hundes gerecht zu werden. Dieser wiederum genießt den Vorteil, eine Art Rudel um sich zu haben, in dessen Sozialgefüge er sich einpassen muß. Deshalb wird er mit Beginn der Geschlechtsreife ausloten, welche Position wer im »Rudel« einnimmt, und im Zweifelsfall versuchen, das Alphatier zu sein. Alphatier zu sein bedeutet unter anderem das Recht, als erster von einem Beutetier zu fressen, ohne daß andere Rudelmitglieder es sich erlauben dürfen, zu stören. Hier sollte der Familienhund früh lernen, daß die Familie mit dem Essen vor ihm dran ist und er nicht gleichberechtigt an den Mahlzeiten teilnehmen oder mit Erfolg bei Tisch betteln darf. Zweitens sollte es möglich sein, ihm während der Mahlzeit den Napf wegzunehmen, ohne daß er unfreundlich knurrt oder gar beißt. Soweit die Hundepsychologie im Zusammenhang mit der Nahrungsaufnahme.

Der Hund darf so oft gestreichelt, Gassi geführt, gebürstet und geknuddelt werden, wie er das gerne mitmacht. In puncto Verwöhnleckerchen muß allerdings strengstens Maß gehalten werden. Zu Erziehungszwecken sind sie natürlich nötig und nicht wegzudenken. Allerdings muß die Futterration dann entsprechend verkleinert werden. Weiter ist es sinnvoll, im Rahmen der familiären Aufgabenverteilung festzulegen, wer den Hund in der Regel füttert, oder einen entsprechenden Plan bei abwechselnder Fütterung zu erstellen. Es sollte nicht so sein, daß der Hund an einem Tag nichts zu fressen bekommt, weil sich jeder auf den anderen verläßt, oder der Hund gar zwei-, drei- oder viermal gefüttert wird, weil das eine Familienmitglied nicht weiß, was das andere bereits getan hat.

**...daß sie sich allen Familienmitgliedern unterordnen.**

**LEISTUNGSHUND ▸** Als Leistungshunde sollen hier jene Hunde verstanden werden, die ein über dem normalen Durchschnitt liegendes »Arbeitspensum« zu erfüllen haben und dadurch mehr Energie verbrauchen als ein typischer Durchschnittshund. Darunter fallen all die Tiere, die beispielsweise täglich mehr als zwei bis drei Stunden spazierengehen, wie Jagdhunde, Hütehunde, Rennhunde oder Schlittenhunde. Man kann es sich kaum vorstellen, aber bei ihrer Arbeit können diese Hunde bis zu 150 km am Tag zurücklegen.

Auch die Qualität der Arbeit muß unterschieden werden: Es gibt einerseits leichte, mittlere und schwere körperliche Arbeit, andererseits kurzzeitige hohe Belastung oder länger andauernde gleichmäßige Kraftanstrengung. Ein Rennhund muß kurzfristig mehr Energie mobilisieren können als ein Schlittenhund, der mehrere Tage lange Strecken zurücklegen muß. Diesen Anforderungen muß das Futter und der dadurch zur Verfügung stehende Energiespeicher entsprechen. Rennhunde sind mit Kurzstreckenläufern zu vergleichen, die ihre Energie hauptsächlich aus Kohlenhydraten beziehen. Diese Kohlenhydrate werden als Glykogen in der Muskulatur und in der Leber gespeichert und stehen dann kurzfristig wieder zur Verfügung. Der Energiebedarf des Hundes sollte daher zu einem Drittel mit leichtverdaulichen Kohlenhydraten (Haferflocken, Nudeln, Reis) gedeckt werden.

Schlittenhunden und Jagdhunden muß ein dauerhafterer Energiespender zur Verfügung stehen, der über längere

**Für die weiten Strecken, die Schlittenhunde oft zurücklegen, muß ihnen ein dauerhafter Energiespender zur Verfügung stehen.**

Auch säugende Hündinnen brauchen Futter in einer Menge und Qualität, die ihrer Leistung gerecht wird.

Zeit den gesteigerten Energiebedarf deckt. Dies wird am besten durch die Zufütterung von Fett erreicht. Fett wird langsam abgebaut und steht daher länger zur Verfügung als Glykogen. Ursprünglich hat der körpereigene Aufbau von Fettgewebe ja auch den Sinn, in Zeiten des Nahrungsüberflusses diesen Überfluß auszunutzen und platzsparend im Körper unterzubringen, um in Zeiten der Not darauf zurückgreifen zu können. Auch Kohlenhydrate werden, sofern sie nicht zur Energiegewinnung »verbrannt« werden, letzten Endes als Fettdepots im Körper gespeichert. Fett ist also nichts anderes, als auf engstem Raum untergebrachte Energie. Es kann in Form von Öl oder Rindertalg unter das Futter gemischt werden und steigert den Energiegehalt, ohne das Volumen zu erhöhen. Der Erhaltungsbedarf steigt je nach der geforderten Leistung um das Anderthalb- bis Dreifache des normalen Bedarfs. Wie bereits ab Seite 23 beschrieben wurde, sollte auch einem Leistungshund nach dem Fressen eine Ruhezeit gegönnt werden. Auf gar keinen Fall darf er

»Jetzt habe ich aber Durst!«

direkt nach der Futteraufnahme rennen! Am Schluß noch ein Wort zu der dritten Nahrungskomponente, dem Eiweiß: Eiweiß ist ein essentieller Bestandteil jeder Ernährung. Je mehr Leistung einem Tier abverlangt wird, desto besser sollte die Versorgung mit Eiweiß von hoher Qualität sein. Durch eine Steigerung des Eiweißgehaltes im Futter wird zwar ebenfalls der Energiegehalt erhöht, allerdings hat dies eher negative Folgen: Bei der Resorption von Eiweiß entstehen schädliche Abbauprodukte, die vom Körper erst entgiftet werden müssen. Zuviel Eiweiß kann sich daher sogar leistungsmindernd auswirken.

Leistungshunde müssen unbedingt ausreichend mit Wasser versorgt werden. Durch intensive Muskelarbeit und den Energieumsatz in der Muskulatur wird Wärme frei. Damit die Körpertemperatur nicht ansteigt, hechelt der Hund und verdunstet so große Mengen Wasser. Bei hohen Temperaturen steigt der Wasserbedarf eines aktiven Hundes erheblich. Er liegt dann etwa dreimal so hoch wie normal und kann somit 150 ml und mehr pro Kilogramm Körpergewicht betragen.

**DER UNTERGEWICHTIGE HUND ▶** Untergewicht beim Hund kommt in unseren Breitengraden normalerweise nur infolge länger anhaltender Krankheit vor. Bei normaler körperlicher Belastung und entsprechender Fütterung wird ein gesunder Hund nicht unterernährt sein. Die Gefahr besteht schon eher im Fall eines Leistungshundes, dessen Futter im Vergleich zum Energieverbrauch, den der Körper durch die Belastung erfährt, einen zu niedrigen Energiegehalt hat.

Wenn das Tier aufgrund einer

Krankheit längere Zeit nicht oder nur wenig gefressen hat, sollte es mit leichtverdaulichem, hochwertigem Futter ernährt werden. Hier bieten sich vor allem Quark, Hühner- und Lammfleisch oder Fisch als hochwertige Eiweißträger in Kombination mit Reis oder Haferflocken als Kohlenhydratspender an. Man sollte zunächst mit mehreren über den Tag verteilten kleinen Mahlzeiten beginnen. Die Menge kann dann kontinuierlich gesteigert und die Anzahl der Mahlzeiten nach und nach reduziert werden. Liegt eine chronische Erkrankung vor, muß unter Umständen eine entsprechende, auf die Krankheit abgestimmte Diät gefüttert werden (siehe »Ernährung des kranken Hundes« ab S. 70).

**DER ÜBERGEWICHTIGE HUND ▶**
Wie bereits im Kapitel »Fütterungspraxis« beschrieben wurde, gibt es drei einfache Möglichkeiten, den Ernährungszustand eines Hundes zu überprüfen: die vom Brustkorb zum Becken aufsteigend verlaufende Bauchlinie, die deutlich sichtbare »Taille« und die bei leichtem Druck deutlich fühlbaren Rippen. Sind diese Kriterien nicht mehr erfüllt, ist Ihr Hund ohne Zweifel zu dick. Sind Sie sich unsicher in der Beurteilung ist es sinnvoll, den Tierarzt um seine ehrliche Meinung zu bitten. Die Ursache für das Übergewicht ist in der Regel eine unangemessen hohe Futtermenge oder sehr »kalorienreiches« Futter, also Futter mit großer Energiedichte. Gleichzeitig kommt oft mangelnde Bewegung als verstärkender Faktor hinzu. Besonders gefährdet und zur Verfettung veranlagt sind Labrador, Retriever, Cairn Terrier, Cocker Spaniel, Langhaardackel, Bassets und Beagle. Hinzu kommt, daß kastrierte Tiere, egal ob männlich oder weiblich, aufgrund der hormonellen Veränderungen, die mit der Kastration einhergehen, zu vermehrter Fetteinlagerung neigen.

Ältere Hunde sind hier ebenfalls gefährdet, da mit zunehmendem Alter die Bewegungsfreudigkeit nachläßt, die Futtermenge aber meist gleich bleibt. Hinzu kommt, daß der Stoffwechsel der Muskulatur weniger aktiv ist und entsprechend weniger Energie verbraucht wird.

**Bei übergewichtigen Hunden ist es gut, das Futter mit ballaststoffreichen Nahrungsmitteln zu strecken.**

**TIP**

*Kastrierte Hunde neigen dazu, dick zu werden. Deswegen ist es ratsam, die Futtermenge gleich nach dem Eingriff zu reduzieren, damit Ihr Hund nicht unnötig Fett ansetzt.*

Tückischerweise entwickelt sich die Gewichtszunahme schleichend. Da man seinen Hund täglich sieht, registriert man diesen Prozeß meist nicht sofort, sondern erst in einem weiter fortgeschrittenen Stadium. Läßt man seinen Hund beispielsweise im Rahmen des Gesundheits-Checks vor der jährlichen Impfung wiegen, wird die Gewichtszunahme offenbar. Eine Überschreitung des Normalgewichts um 10 % ist schon gegeben, wenn ein normalerweise 12 kg wiegender Hund etwas mehr als 13 kg wiegt und deutet bereits eine beginnende Verfettung an. Mit den Maßstäben eines Menschen gemessen, ist ein Kilogramm Gewichtszunahme vergleichsweise wenig, für den betroffenen Hund ist es relativ viel. Würde man dieses Beispiel auf ein Durchschnittsherrchen oder -frauchen mit 70 kg Körpergewicht beziehen, würde dies eine Gewichtszunahme von 7 kg bedeuten. Jeder, der schon einmal sieben Kilo zugenommen hat, weiß, wieviel schwerer das

**Wenn Ihr Hund sich außer der Reihe eine nahrhafte Mahlzeit verschafft hat, muß danach natürlich ein Fastentag eingelegt werden.**

Viel Bewegung hilft beim Abnehmen!

Treppensteigen oder andere körperliche Bewegung dann plötzlich fällt.

**TIP**

*Übergewichtige Hunde haben eine geringere Lebenserwartung!*

Dieselbe Belastung mutet man aber durch falsch verstandene Tierliebe seinem Hund zu. Bei Abweichungen von mehr als 10 % spricht man bereits von einer deutlichen bis erheblichen Verfettung. In unserem Beispiel wiegt der Hund dann bei 20 % Gewichtszunahme noch immer erst 14,4 kg. In unseren Augen wiederum noch keine große Gewichtszunahme, die daher oft vernachlässigt wird. Der Mensch aus unserem Beispiel wiegt aber schon 84 kg, also 14 kg mehr, als das Normalgewicht betragen hat. Jeder, der schon einmal 14 kg zuviel gewogen hat, weiß, welcher Teufelskreis damit beginnt. Die Bewegungsaktivität läßt nach, Gelenke und Sehnen werden überlastet, der Kreislauf wird überanstrengt. Selbst bei normaler Nahrungsaufnahme bleibt das Gewicht auf dem hohen Niveau.

Dies wird als sogenannte statische Phase bezeichnet, in der schon vergleichsweise geringe Futtermengen ausreichen, um das hohe Übergewicht aufrechtzuerhalten.

**DIÄT ▶** Dies hat zur Folge, daß man zur Gewichtsreduktion deutlich weniger Nahrung aufnehmen darf – als Mensch genauso wie als Hund. Die Reduzierung der täglichen Futtermenge stellt meist für den Hundebesitzer eine größere Belastung dar als für den Hund. Letzterer kann durch massives Betteln bis hin zu aggressivem Verhalten einen regelrechten Psychoterror entwickeln, so daß es dem Hundehalter schwerfällt, die Diät konsequent durchzuhalten. In vielen Fällen können hier spezielle Reduktionsdiäten vom Tierarzt weiterhelfen, die durch einen erhöhten Gehalt an pflanzlichen Faserstoffen ein größeres Futtervolumen bei niedrigerem Energiegehalt aufweisen und so dem Hundemagen einen größeren Füllungszustand und damit eine gewisse Sättigung vorgaukeln.

Bei einer »Diät« sollte vor allem auf ein ausgewogenes, bedarfsgerechtes

Nährstoffangebot geachtet werden. In der Regel gewährleistet eine Reduzierung der täglichen Futtermenge auf die Hälfte des täglichen Bedarfs noch immer eine ausreichende Zufuhr an Mineralstoffen und Vitaminen.

Auch hier gilt, daß zur »Streckung« des Futters geraspelte Möhren oder kleingeschnittener Salat ungemischt werden können. Alle Sonderrationen müssen natürlich ab sofort entfallen. Aufgrund der unübersichtlichen Fütterung von Leckerchen, Häppchen, Keksen und so weiter, werden diese Zwischenmahlzeiten in puncto Kaloriengehalt oft unterschätzt. Gerade diese Zwischenhäppchen ersetzen, über den Tag verteilt, unter Umständen eine ganze Mahlzeit. Man muß sich in diesem Zusammenhang nur einmal vor Augen führen, daß in einer vierköpfigen Familie mit Hundeanschluß, in der jedes Familienmitglied dem Hund nur ein- bis zweimal am Tag ein Leckerchen gibt, was für jeden einzelnen natürlich nur eine geringe Menge darstellt, der Hund bis zu acht Sonderhäppchen täglich bekommt. Diät bedeutet also Konsequenz auf ganzer Linie, alle Familienangehörigen eingeschlossen. Vor Beginn einer solchen Gewichtsreduktionsmaßnahme sollte natürlich durch den Tierarzt abgeklärt werden, ob der Hund gesund ist.

## ▶ Alter Hund

**ALTERUNGSVORGÄNGE ▶** Sie verlaufen individuell und auch in Abhängigkeit von der Größe unterschiedlich. Große Hunderassen erreichen meist nicht das hohe Alter, das kleineren Rassen beschieden ist. Ein ein Jahr alter Hund ist im gleichen Lebensstadium wie ein 15 Jahre alter Mensch, mit zwei Jahren wie ein 24jähriger. Jedes folgende Lebensjahr entspricht vier Jahren des Menschen. Ein zehn Jahre alter Hund ist demnach so alt wie ein 56jähriger Mensch. Bei kleinen Rassen gehen die Uhren etwas anders. In diesen Fällen sollte man das erste Lebensjahr mit zwölf Menschenjahren und jedes folgende mit sieben Menschenjahren gleichsetzen.

**ANZEICHEN ▶** Mit dem ersten Ergrauen der Kopfhaare hat, jetzt auch äußerlich sichtbar, der Prozeß des Alterns begonnen. Die Zahl der arbeitenden Muskeln und damit der Muskulatur, die stoffwechselaktiv ist, nimmt ab. Gleichzeitig bewegen sich alternde Tiere weniger, so daß der Stoffwechsel noch einmal reduziert wird. Die Folge hiervon ist eine schleichende Gewichtszunahme. Diese führt aufgrund einer erhöhten Belastung der Gelenke zu verstärkter Bewegungsunlust, was letzlich wiederum in einer Gewichtszunahme resultiert. Geruchs- und Geschmackssinn lassen nach, und dadurch bedingt nimmt unter Umständen auch der Appetit ab. In der Mundhöhle bildet sich Zahnstein sowie Zahnfleischentzündungen; Zahnverlust und ungenügende Nahrungsaufnahme sind die Folge. Es wird nicht nur weniger Nahrung aufgenommen, die aufgenommene Nahrung wird zusätzlich noch schlecht oder gar nicht zerkleinert und kann so nur unvollständig verdaut werden. Die Leber kann ihrer Entgiftungsfunktion nur noch ungenügend nachkommen, ebenso sind die Nieren eingeschränkt tätig. Die Haut verliert ihre Elastizität, das Fell dünnt aus, und die Krallen werden brüchig. Die Wahrscheinlichkeit, daß sich Tumore bilden, nimmt mit zu-

**Wer in die Jahre gekommen ist, braucht leicht verdauliches Futter.**

nehmendem Alter ebenfalls zu. Die Immunabwehr des Organismus läßt nach, und der Hund wird anfälliger für Infektionen.

**FÜTTERUNG ▶** Ab dem siebten Lebensjahr sollte man daher den veränderten Gegebenheiten Rechnung tragen und die Fütterung entsprechend anpassen. Das bedeutet, entweder weniger Futter oder Futter mit einem verringerten Energiegehalt zu geben. Zum Thema Futterreduktion gilt auch hier grundsätzlich dasselbe wie beim übergewichtigen Hund. Unter Kontrolle des Gewichts muß die optimale Futtermenge

Frisches Wasser ist hier immer dabei.

festgestellt werden, mit der Ihr Hund sein Normalgewicht hält. Es kann sogar nötig werden, das Futter um ein Drittel zu verringern. Da sich im Alter der Bedarf an Eiweiß steigert, ist es wichtig, qualitativ hochwertigere Eiweiße zu füttern. Sie sind vor allem in Fisch, Eiern und Milchprodukten (Quark) enthalten und werden vom Organismus leichter und vollständiger verdaut, so daß für die Darmbakterien wenig Eiweiß übrigbleibt. Daher fallen auch nur wenige bakterielle Eiweißabbauprodukte an, was wiederum die Leber entlastet. Wird viel bindegewebsreiches Futter (z.B. Sehnen) oder Eiweiß pflanzlicher Herkunft gefüttert, das für den Organismus schlechter verwertbar ist, bleibt für die Darmbakterien mehr an Eiweiß übrig, was diese zu leberbelastenden Stoffen abbauen. Für alte Hunde läßt sich diese zusätzliche Belastung vermeiden.

Die Versorgung mit den Spurenelementen Zink, Selen und Jod und den Vitaminen A und E sollte in der Ernährung des alten Hundes gesteigert werden.

**ERLEICHTERTES FRESSEN ▶** Da auch der Geruchs- und Geschmackssinn nachlassen, sollte auf eine gewisse Schmackhaftigkeit des Futters geachtet werden. Es erhöht die Freisetzung von Geschmacksstoffen, wenn das Futter erwärmt wird. Auch der Geruch entfaltet sich auf diese Weise besser. Gerade bei Trockenfutter empfiehlt es sich, warmes Wasser zuzugeben, da es dadurch aufgeweicht wird. Weil auch die Zähne in der Regel nicht mehr die besten sind, wird so die Futteraufnahme erleichtert. Bei größeren Zahnschäden oder Zahnverlusten empfiehlt es sich, das Futter noch zusätzlich zu zerkleinern, unter Umständen sogar zu pürieren. Im Alter geht alles langsamer, auch die Darmperistaltik. Manch ältere Hundedame oder -herr kann daher zu Verstopfung neigen. Um dem entgegenzuwirken, sollten, neben körperlicher Bewegung, Ballaststoffe (Weizenkleie) oder auch Vollmilch unter das Futter gemischt werden.

**ANZAHL DER MAHLZEITEN ▶** Die Fütterung sollte auf zwei bis drei Rationen pro Tag verteilt werden. Auch hier gilt es, die Fütterungszeiten so pünktlich wie möglich einzuhalten. Auch im Fall des älteren Hundes hat die Futtermittelindustrie bereits spezielle Senior-Futter entwickelt, die auf den Bedarf des älteren Tieres eingestellt sind. Grundsätzlich sollte aber bei einem alten Hund, der zusehends träger wird, auch ein Gesundheits-Check durchgeführt werden. Unter Umständen arbeitet das eine oder andere Organ (Leber, Niere, Bauchspeicheldrüse) nicht mehr richtig, und es ist daher ratsam, eine auf die entsprechende Störung abgestimmte Diät zu füttern. Ziel der Fütterung von alten Hunden ist die Verlängerung des Lebens und die Verbesserung der Lebensqualität.

**Auch im Urlaub sollten die Fütterungsrituale möglichst beibehalten werden.**

## Urlaub

Damit der Urlaub für alle zur Erholung wird und nicht in Streß für Hund und Besitzer ausartet, sollte man möglichst die gewohnten Futterrituale beibehalten und das gewohnte Futter mitnehmen. Am einfachsten für die Besitzer ist es, wenn sie ihre häufig verreisenden Hunde von Anfang an an Trockenfutter gewöhnen. Trockenfutter ist leicht und läßt sich gut transportieren. Dosen sind sperriger, schwerer und hinzu kommt, daß sie geöffnet leichter verderben, wenn bei hohen Temperaturen kein Kühlschrank zur Verfügung steht. Notfalls kann man natürlich auch am Urlaubsort Hundefutter kaufen, jedoch treten mit ungewohntem Futter unter Umständen Verdauungsprobleme wie Durchfall oder Blähungen auf, die für alle Beteiligten unangenehm sind. Sollten Sie aber auf das Hundefutter des Urlaubsortes angewiesen sein, empfiehlt es sich, zumindest etwas gewohntes Futter mitzunehmen, um eine langsame Futterumstellung (siehe S.31) durchzuführen. Plötzliche Futterwechsel sollten möglichst vermieden werden. Wie zu Hause geben Sie dem Trockenfutter Wasser zu. Je nach Wasserqualität des Urlaubsortes muß dieses aber sicherheitshalber abgekocht werden. Gleiches gilt natürlich auch für das Trinkwasser der Vierbeiner. Hunde reagieren bei weitem nicht so sensibel auf unsauberes Wasser (siehe Seite 21) wie ihre Besitzer, jedoch kann es bei dem einen oder anderen zu Problemen kommen, die sich durch diese Vorsichtsmaßnahme leicht vermeiden lassen.

**PENSION ▸** Sollten Sie gezwungen sein, Ihren Hund während Ihres Urlaubs in Pension zu geben, ist es wichtig, mit dem Betreuungspersonal die Art des Futters und die tägliche Ration abzusprechen. Es ist völlig normal, wenn Ihr Hund in den ersten Tagen in der ungewohnten Umgebung die Nahrungsaufnahme verweigert, da er möglicherweise trauert und sich erst an die plötzlich veränderten Umstände gewöhnen muß. Bei einem gesunden Hund ist aber der Selbsterhaltungstrieb ausreichend groß, so daß er früher oder später wieder fressen wird. Um ihm die Umgewöhnung zu erleichtern, sollten Sie Ihrem Hund das gewohnte Futter mitgeben.

## Optimales Gewicht

Leider läßt sich das optimale Gewicht eines Hundes nicht in Zahlen ausdrücken. Natürlich gibt es Richtwerte für die einzelnen Rassen, die einen groben Rahmen festlegen. Beim Deutschen Schäferhund liegen diese Werte zwischen 27 und 39 kg. Daher kann man folgendes feststellen: Ein kleines Exemplar dieser Rasse würde mit 34 kg noch innerhalb der normalen Gewichtsgrenze liegen. Für diesen relativ kleinen Hund beträgt das Optimalgewicht aber nur 27 kg. Die Differenz von 7 kg entspricht hier bereits einem Übergewicht von etwa 25 %. In solch einem Fall spricht man bereits von einer deutlichen Verfettung. Das optimale Gewicht ist also ein relativer Begriff und muß für jeden ausgewachsenen Hund anhand der drei Fixpunkte Bauchlinie – Taille – Rippen individuell ermittelt werden. Gleichzeitig müssen auch andere Voraussetzungen erfüllt sein: Der Hund muß seinem Alter entsprechend lebhaft sein, ein glänzendes Fell haben und regelmäßig Kot absetzen. Stimmen diese Voraussetzungen,

Die täglichen Leckerli müssen natürlich in die Futterration eingerechnet werden.

kann man davon ausgehen, daß der Hund sein Idealgewicht hat. Ihr Ziel als verantwortungsbewußter Hundehalter, der seinem Hund nur das Beste wünscht, sollte es sein, dieses Gewicht beizubehalten, indem Sie es regelmäßig kontrollieren und die Fütterung entsprechend anpassen. Es ist immer einfacher, es gar nicht zu einer Gewichtszunahme kommen zu lassen, als später eine Reduktionskost konsequent durchzuhalten. Sie selbst bestimmen die Futtermenge, die Ihr Hund aufnimmt. Daher ist es eine Frage der eigenen Konsequenz und Disziplin, wie sich das Gewicht Ihres Hundes entwickelt. Ihr Hund ist in der Regel nicht der Qual eines gut bestückten Kühlschranks ausgesetzt, »wenn der kleine Hunger kommt«. Diese Gewissenskonflikte bleiben ihm erspart. Ersparen Sie ihm daher auch die Qualen einer Diät, indem Sie sich zwingen, Ihren Vierbeiner nicht durch falsch verstandene Tierliebe fettzufüttern.

# Ernährung des kranken Hundes

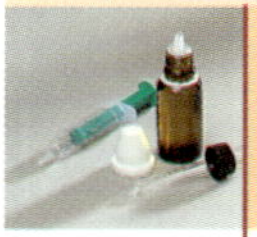

# Ernährung des kranken Hundes



## ▸ Erste Anzeichen

Es ist sehr wahrscheinlich, daß es im Leben eines Hundes irgendwann einmal zu Erkrankungen kommt, die durch eine Umstellung der Ernährung abgemildert oder sogar vollständig beseitigt werden können. Krankheiten können akut oder chronisch verlaufen. Akute Erkrankungen sind solche, die plötzlich ohne Vorankündigung auftreten, wie zum Beispiel Erbrechen oder Durchfall, während chronische Krankheiten sich über lange Zeiträume erstrecken. Bei ihnen ist eine vollständige Ausheilung in der Regel eher unwahrscheinlich. Die Zuckerkrankheit (Diabetes mellitus) des Menschen beispielsweise, die auch gelegentlich beim Hund vorkommen kann, ist eine chronische Erkrankung der Bauchspeicheldrüse, die unheilbar ist. Durch entsprechende Ernährung und Behandlung ist sie in der Regel jedoch gut unter Kontrolle zu halten. Entsprechendes gilt für Erkrankungen anderer Organsysteme: Nur wenn Sie eine bestimmte Diät konsequent einhalten und so das betroffene Organ entlasten, kann sich Ihr Hund einer längerfristigen Gesundheit erfreuen.

Besonders gut lassen sich alle Organe, die mit der Verdauung zu tun haben, aber auch Niere, Herz und Haut durch entsprechende Diäten beeinflussen.

Übrigens darf nur solches Futter als Diätmittel bezeichnet werden, das spezifisch auf bestimmte Krankheitszustände ausgerichtet ist oder das bestimmten Erkrankungen vorbeugen kann.

**APPETITLOSIGKEIT ▸** Da Sie Ihren Hund tagtäglich genau beobachten, wird Ihnen jedes unnormale Verhalten sofort auffallen. Wenn Ihr Hund seinen Napf nicht leer frißt oder überhaupt nicht frißt, ist dies das erste sichtbare Anzeichen (Symptom) für eine Erkrankung. Diese Anzeichen können ein bis zwei Tage anhalten, bevor Ihr Hund wieder wie gewohnt frißt. In diesen Fällen reicht es aus, den Hund gut zu beobachten. Dauern die Anzeichen einer Krankheit länger als zwei Tage an und wirkt der Hund zusätzlich abgeschlagen, matt und fiebrig, dann müssen Sie auf jeden Fall den Tierarzt um Rat fragen.

> **TIP**
> *Appetitlosigkeit ist keine Krankheit, sondern ein Anzeichen für eine mögliche andere Erkrankung.*

Es ist aber nicht sinnvoll, den Hund durch besondere Leckereien zum Fressen zu »überreden«. Denn besonders clevere Vierbeiner lernen dadurch, daß

## Zwangsfütterung

Zur Zwangsfütterung eignet sich nur Feuchtfutter oder eingeweichtes Trockenfutter, da es unzerkaut, also auch unzerkleinert und nicht eingespeichelt, abgeschluckt werden muß. Mit einem Löffel oder mit der Hand wird ein »Bissen« vom Futter weggenommen und mit der Hand weit in den Rachen geschoben. Anschließend wird der Fang zugehalten. Durch die Auslösung des Schluckreflexes bei diesem Vorgehen wird das Futter abgeschluckt.

sie durch Nahrungsverweigerung an besonders leckere Häppchen kommen.

Besser ist es, die Zeit der Appetitlosigkeit zu beobachten und die Ursache dafür ausfindig zu machen. Erst wenn der Tierarzt nach einer gründlichen Untersuchung keine Krankheit feststellen kann, sollte ein Futterwechsel probiert werden. Wenn der Hund aber zusehends abmagert und Anzeichen von Erschöpfung zeigt, müssen Sie eine Zwangsfütterung (siehe Kasten) in Erwägung ziehen.

Kann der Hund kein Futter aufnehmen, weil der Kiefer, die Kaumuskulatur oder die Zähne beschädigt sind, muß in bestimmten Fällen auf die Sondenernährung umgestellt werden. Dabei wird der Hund über eine Magensonde mit einem leichtverdaulichen und energiedichten Nahrungsbrei ernährt. Diese Magensonde kann nur ein Tierarzt legen!

Natürlich gibt es auch Krankheitsbilder, bei denen der Hund aufgrund einer hormonellen Erkrankung übergewichtig wird. Das Übergewicht ist dann, ebenso wie die Appetitlosigkeit, ein Anzeichen für eine andere Erkrankung.

### Erkrankungen der Organsysteme

Die Erkrankungen der verschiedenen Organsysteme müssen mit speziell auf diese Organe abgestimmten Diätplänen behandelt werden. In den folgenden Abschnitten werden die verschiedenen Organsysteme erläutert. So soll Ihnen verständlich gemacht werden, warum für die Heilung oder Linderung bestimmter Erkrankungen spezielle Fütterungsprogramme nötig werden.

Appetitlosigkeit ist oft das erste Anzeichen für eine sich anbahnende Erkrankung.

**MAGEN-DARM-TRAKT ▸** Erkrankungen des Magen- und Darmtraktes äußern sich in der Regel durch Erbrechen, Durchfall oder Verstopfung. Wie bereits erwähnt, können diese Symptome aber auch als Folge anderer Erkrankungen auftreten. Nicht immer hat also das Erbrechen seine Ursache im Magen-Darm-Trakt. Ebenso wahrscheinlich kann eine Erkrankung der Niere oder gar der Gebärmutter eine mögliche Ursache sein. Erbricht sich Ihr Hund länger als einen Tag, ist er zusätzlich matt und fiebrig, muß in jedem Fall der Tierarzt um Rat gefragt werden.

**Erbrechen** Der Brechreiz wird durch verschiedene Ursachen ausgelöst. So kann es nach dem Fressen von zu kalten Speisen, Gräsern, Fasern oder Knochen zu plötzlichem Erbrechen kommen. Auch eine plötzliche Futterumstellung kann bei sensiblen Mägen zu Erbrechen führen.

Eine weitere Ursache ist die sogenannte Magenüberladung. Sie tritt bei Fütterung von quellfähigem Futter auf, das vor der Aufnahme nicht oder zu kurz angefeuchtet wurde und daher nicht aufgequollen ist, (zum Beispiel Trockenfutter). Nimmt der Hund das volle Magenvolumen auf, führt der Quellvorgang zu einer weiteren Volumenzunahme, die dann die Kapazität des Magens überfordert. Schließlich verschafft sich der Körper durch Erbrechen der zu großen Nahrungsmenge Erleichterung.

Ebenso gehört es zu den normalen Schutzmechanismen des Körpers, verdorbenes Futter, das verschimmelt oder bakteriell verunreinigt ist, wieder abzugeben, damit der Organismus durch die darin enthaltenen Giftstoffe nicht Schaden nimmt. All dies sind Gründe, die ein plötzliches Erbrechen verursachen können. Der Hund selbst zeigt vor und nach dem plötzlichen Erbrechen keine Krankheitssymptome und fühlt sich offensichtlich pudelwohl.

### Erbrechen

In jedem Fall sollte bei wiederholtem Erbrechen eine ein- bis zweitägige konsequente Hungerphase folgen. So kann sich der Magen-Darm-Trakt vollständig entleeren und regenerieren. Das bedeutet: Ein Hund, der normalerweise alle 24 Stunden zu fressen bekommt, wird zur Therapie erst nach 48 Stunden wieder gefüttert. Wichtig ist die anschließende »Anfütterung« mit leichtverdaulichem Futter, zum Beispiel in gleichen Anteilen Reis, Hühnchenfleisch und Hüttenkäse. Dieses Futter sollte in kleinen Mengen auf fünf bis sechs Mahlzeiten pro Tag verteilt gegeben werden, damit der Magen-Darm-Trakt sich langsam wieder an den Verdauungsvorgang gewöhnen kann. Dem Magen und auch dem Darm wird mit der Hungerphase eine Zeit der Ruhe gestattet, in der er keine Energie für die Resorption von Nährstoffen bereitstellen muß, sondern einfach »ausruhen« kann. Lauwarmes Wasser oder, sofern der Hund dies annimmt, auch Kamillentee mit etwa 2–3 % Traubenzucker sollten bereitgestellt werden.

Der Tierarzt hilft bei jeder Frage rund um die Hundegesundheit.

Wenn sich Ihr Hund aber wiederholt innerhalb eines kurzen Zeitraums erbricht, kann dies ein Zeichen für eine Allgemeinerkrankung sein. Hier müssen Sie unbedingt handeln und Ihren Tierarzt aufsuchen, damit die Ursache der Erkrankung gefunden und beseitigt werden kann.

Zeigt der Hund starkes Erbrechen und/oder Durchfall, muß zusätzlich zu der Flüssigkeit noch eine Elektrolytlösung angeboten werden (Elektrolytpulver, das in Wasser gelöst wird, ist in der Regel beim Tierarzt oder in Apotheken erhältlich). Durch das Erbrechen und auch durch den Durchfall gehen dem Organismus Elektrolyte (Kalium, Natrium, Chlor etc.) verloren und müssen durch entsprechende Lösungen wieder zugeführt werden. Ungeeignet für Hunde sind Elektrolytbrausen, da sie aufschäumen, stark prickeln und daher nicht angenommen werden.

Nach etwa einer Woche kann wieder mit der normalen Fütterung begonnen werden. Allerdings sollte dies zunächst mit Wasser suppig verdünnt werden, damit die Magenentleerung erleichtert wird.

**Durchfall** (Diarrhöe) Die Kotkonsistenz kann je nach Futter verschieden beschaffen sein. In der Regel ist der Kot geformt, das heißt, er hat die Form einer Wurst. Er kann sich allerdings von breiiger bis hin zu wäßriger Konsistenz verändern. Letzteres Aussehen wird als Durchfall bezeichnet. Weiterhin ist es wichtig, die Farbe beschreiben zu können. In der Regel ist der Kot, wiederum in Abhängigkeit vom Futter, braun in verschiedenen Schattierungen.

Die Mengenbeurteilung fällt in der Regel am schwersten. Als Faustregel gilt, daß bei Feuchtfutter etwa 10 bis maximal 15 % der aufgenommenen Futtermenge als Kot wieder ausgeschieden wird. Der Rest wird vom Körper verbraucht. Um eine Vorstellung von der Menge zu bekommen, die der Hund in etwa ausscheiden sollte, ist es vielleicht ratsam, die Futterportion abzuwiegen, 10 % davon abzunehmen und sich die Menge einzuprägen. Auf diese Weise kann man sich ein Bild von der zu erwartenden Kotmenge machen.

Bei Durchfall kann die ausgeschiedene Kotmenge durchaus doppelt so hoch sein, zumal der eigentliche Kot ja auch noch durch Flüssigkeit verdünnt ist. Diese beim Durchfall ausgeschiedene Flüssigkeitsmenge fehlt dem Körper und enthält die bereits beschriebenen Elektrolyte, die dem Körper nicht mehr zur Verfügung stehen. Da die sensiblen Stoffwechselsysteme ohne die entsprechenden Elektrolyte aber aus dem Gleichgewicht geraten, müssen sie dem Körper wieder zugeführt werden. Der Ausgleich der körpereigenen Elektrolyte ist für das Wohlbefinden des Organismus sehr wichtig, egal ob Mensch oder Hund, und führt zu einer rascheren Regeneration.

Durchfall kann entweder durch Unverträglichkeit der Nahrung ausgelöst werden oder die Folge einer Magen-Darm-Infektion sein. Bei Nahrungsunverträglichkeit verschwindet der Durchfall, sobald die unverträgliche Nahrung ausgeschieden worden ist. Eine Magen-Darm-Infektion führt zu einer Störung des Allgemeinbefindens, die sich durch Konditionsverlust, Mattigkeit bis hin zu Kreislaufproblemen und länger anhaltendem Durchfall äußert, und ist unter Umständen von Fieber begleitet. Magen-Darm-Infektionen können durch Parasiten, Bakterien oder Viren hervorgerufen werden. Dies muß der Tierarzt genauer abklären, der dann auch die entsprechenden Medikamente verschreibt oder verabreicht und spezielle Fütterungsanweisungen geben kann. Neben diesen gängigen Ursachen können auch Vergiftungen, allergische Reaktionen oder aber nicht durch eine Infektion bedingte Störungen im Verdauungsablauf die Gründe für den veränderten Kot sein.

Sind Sie der Meinung, Ihr Hund scheidet eine zu große Kotmenge aus, sollten Sie den Hund und eine Kotprobe vom Tierarzt untersuchen lassen.

Bei Durchfall ist die sinnvollste »Diät« Fasten. Durch den Durchfall sind dem Hund vor allem Flüssigkeit, Traubenzucker und Elektrolyte verlorengegangen. Sie müssen dem Hund künstlich wieder verabreicht werden. Langfristig muß der Durchfall natürlich durch eine gezielte Behandlung zum Abklingen gebracht werden. Durchfälle können aber auch psychisch bedingt sein oder durch Verdauungs-

### Kontrolle des Kotes

Beim täglichen Ausführen des Hundes sollten bezüglich des Kotabsatzes vor allem drei Punkte kontrolliert werden:

1. Konsistenz
2. Farbe
3. Menge
4. unverdaute Nahrungsbestandteile

störungen entstehen. Vom Tierarzt oder im Zoofachhandel können Sie industriell gefertigte Schonkost beziehen, die wenig Rohfaser und Rohasche enthalten sollte.

Psychischer Streß kann beim Hund durchaus die Produktion von Verdauungssekreten hemmen oder die Futterpassage durch den Magen-Darm-Trakt beschleunigen. Vergleichbar ist dies mit den verschiedenen Verdauungsstörungen beim Menschen, die ebenfalls mit Streß in Zusammenhang gebracht werden. Der Mensch reagiert mit dem Magen-Darm-Trakt auf Prüfungsangst, möglicherweise ebenso mit Appetitlosigkeit oder auch Durchfall wie ein Hund auf Orts- oder Besitzerwechsel in der Ferienzeit.

**Verstopfung** Von einer Verstopfung wird dann gesprochen, wenn der Hund öfter erfolglos versucht, Kot abzusetzen, oder wenn der Kot extrem fest und hart ist. Werden große Mengen Knochen verfüttert, können Verstopfungen infolge des extrem harten Knochenkotes auftreten. So gern die Hunde an den Knochen nagen, so unangenehm und schmerzhaft können die Folgen sein, wenn zu viele Knochen gegeben wurden. Insbesondere bei älteren Hunden sollte man in jedem Fall auf Knochen im Futterplan verzichten.

Laufen, Rennen und Spazierengehen regt beim Hund die Darmtätigkeit an. Da der Nahrungsbrei bei vermehrter Darmtätigkeit schneller weitergeschoben wird, kann die darin enthalte-

Solange sich Ihr Hund wie gewohnt aktiv und lebensfreudig gibt, brauchen Sie sich nicht um seine Gesundheit zu sorgen.

**Bitte geben Sie Ihrem Hund keine echten Knochen. Schmerzhafte Verstopfungen und innere Verletzungen durch Splitter können die Folge sein.**

ne Feuchtigkeit nicht bis zum letzten Rest resorbiert werden, und der Kot bleibt weich und elastisch. In diesem Zustand bereitet er dem Hund keine Probleme beim Häufchenmachen. Neigt Ihr Hund allerdings zu festem Stuhl, sollten Sie vermehrt Ballaststoffe in das Futter mischen. Hier kommen vor allem Weizenkleie, Leinsamenschrot oder auch Gemüse in Frage. Abführend wirkt auch der Zusatz von Milchzucker oder Paraffinöl.

**Blähungen** Blähungen entstehen durch die Gasbildung von Darmbakterien im Dickdarm. Während der Hund davon meist wenig irritiert wird, können den Menschen die »Gerüche« sehr stark belasten. Die Ursachen für Blähungen können sowohl fütterungsbedingt sein, als auch im individuellen Verdauungsprozeß liegen. Grundsätzlich bilden alle unverdauten Nahrungsstoffe die Grundlage für die Gasbildung, wenn sie in den von Bakterien besiedelten Dickdarm gelangen. Abhilfe schaffen hier gutverdauliche Futtermittel, da sie bis zur Dickdarmpassage fast vollständig aufgeschlossen und vom Organismus aufgenommen (resorbiert) werden. Bohnen, Sojapräparate und andere Hülsenfrüchte dagegen sollte man vom Futterplan streichen, da sie Kohlenhydrate enthalten, die erst im Dickdarm durch die dort angesiedelten Bakterien aufgeschlossen werden können, was wiederum die unerwünschte Gasbildung hervorruft.

Den Ballaststoffen wird bei Blähungen zum Nachteil, was bei Verstopfung vorteilhaft ist: Sie regen die Darmtätigkeit an und führen so zu einer beschleunigten Darmpassage des Nahrungsbreis. Dadurch gelangen bei Blähungen viele unverdaute Nahrungsstoffe in den Dickdarm, wo dann die bereits beschriebenen Folgen auftreten.

Füttert man Fett, so vermindert sich die Gasbildung der Bakterien. Hier bewährt sich insbesondere Rindertalg, da dieser nur sehr langsam im Darm resorbiert werden kann. Deshalb gelangt im Nahrungsbrei noch sehr viel Fett in den Dickdarm und entfaltet dort seine Wirkung.

Am sinnvollsten ist es, durch Futterwechsel auszuprobieren, welches Futter für den betroffenen Hund am besten geeignet ist. Da es hier jedoch große individuelle Unterschiede gibt, kann dasselbe Futter bei dem einen Hund zu Blähungen führen und trotzdem von einem anderen sehr gut vertragen werden.

**LEBER ▶** Die Leber ist ein außerordentlich vielseitiges Organ. Sie spielt eine wichtige Rolle im Kohlenhydratstoffwechsel und speichert Kohlenhydrate in Form des sogenannten Glykogens, um sie dem Körper bei Bedarf wieder zur Verfügung zu stellen. Weiterhin werden in der Leber verschiedene Eiweiße hergestellt, die dafür sorgen, daß Wasser nicht im Körper verschwindet und zu den sogenannten Ödemen führt. Vor allem ist die Entgiftungs-

### Leberfunktionen

Die Ernährung kann auf dreierlei Weise die Leberfunktionen unterstützen:

1. Sie muß die Regenerationsfähigkeit dieses Organs unterstützen.
2. Futtermittel müssen so ausgewählt werden, daß sie die Leber möglichst wenig belasten.
3. Sofern wichtige körpereigene Substanzen nicht mehr in ausreichendem Maß von der Leber hergestellt werden können, müssen sie von außen zugeführt werden.

Die Konsequenz aus diesen Forderungen ist, daß nur sehr hochwertige Futtermittel verwendet werden dürfen, das heißt, Futtermittel müssen einen möglichst niedrigen bakteriellen Keimgehalt haben, dürfen keine Giftstoffe oder Rückstände enthalten und müssen aus hochwertigem Eiweiß bestehen.

funktion der Leber bekannt. Für den Körper schädliche Stoffe, die aus dem Darm aufgenommen und über das Blut zur Leber transportiert wurden, werden hier unschädlich gemacht und zur Ausscheidung vorbereitet. Gleichzeitig wird in der Leber auch Galle produziert, die für die Verdauung fast unentbehrlich ist. Mit all diesen Aufgaben spielt die Leber eine Schlüsselrolle im Stoffwechsel, und jedem wird klar, wie wichtig es ist, sie für diese Aufgaben gesund zu erhalten.

Hochwertiges Eiweiß ist hochverdaulich, kann also fast vollständig vom Körper verwertet werden. Milchprodukte, Ei und Fleisch sollten möglichst frisch (aber nicht roh!) verfüttert werden, da sie in dieser Form am besten vertragen werden. Es sollten möglichst Geflügel- oder Schweinefette verwendet werden, da diese unter Umgehung der Leber vom Körper aufgenommen werden können.

Als Vertreter der Kohlenhydrate sollte vor allem Stärke verwendet werden. Um eine möglichst zügige Dickdarmpassage zu erreichen, sollten im Futter etwa 3–5 % Ballaststoffe enthalten sein. Je schneller der Kot den letzten Teil des Darmes passiert, um so weniger Giftstoffe können von den dort ansässigen Bakterien produziert werden, und um so weniger Entgiftungsarbeit muß die Leber dann in der Folge leisten.

Die Berechnung der Futterration kann bei Leberschonkost nicht der normalen Energieberechnung folgen. Bei der Schondiät für die Leber muß das Futter mehr Energie enthalten, als der Hund eigentlich benötigen würde. Der Körper zehrt zur Gewinnung von Energie alle Komponenten des Futters auf. Zunächst werden die Kohlenhydrate in ihre Bausteine aufgeschlossen, dann die Fette und Eiweiße (Proteine). Da aber die eingeschränkt funktionsfähige Leber kaum noch Proteine produzieren kann, dürfen die über das Futter zugeführten Eiweiße nicht zur Energiegewinnung verbraucht und abgebaut werden, sondern sollen dem Körper als Eiweiße zur Verfügung stehen.

Weiterhin muß darauf geachtet werden, daß Kupfer und Vitamin A nur in äußerst geringen Mengen im Futter enthalten sind. Hunde können zwar, wie bereits erwähnt, ihr Vitamin C selbst in der Leber produzieren, bei Lebererkrankungen ist es aber daher sinnvoll, auch Vitamin C zuzufüttern. Dies geschieht am besten über das Trinkwasser. Mag Ihr Hund das dann säuerlich schmeckende Wasser nicht trinken, können Sie auch spezielle Vitamin-C-Präparate in der Apotheke kaufen.

Wie bei allen Organerkrankungen ist es auch bei Leberleiden sinnvoll, auf industriell gefertigte Futtermittel zurückzugreifen, da diese den Ansprüchen einer angeschlagenen Leber am ehesten genügen.

**BAUCHSPEICHELDRÜSE ▶** Die bekannteste Erkrankung der Bauchspeicheldrüse ist die sogenannte Zuckerkrankheit (Diabetes mellitus). Sie tritt auf, weil die Bauchspeicheldrüse ein bestimmtes Hormon, das Insulin, gar nicht mehr oder nicht mehr in ausreichenden Mengen bilden kann. Die aus der Nahrung aufgenommenen Zuckermoleküle bleiben im Blut und werden, da sie in viel zu großen Konzentrationen im Blut auftreten, über die Niere in den Harn abgegeben. Früher nannte man die Erkrankung daher auch »Zuckerharnruhr«. Diese Erkrankung tritt nicht nur beim Menschen, sondern auch bei Hunden auf.

Da es in der Zwischenzeit gelungen ist, Insulin künstlich herzustellen, und man durch regelmäßige Insulininjektionen diesen Mangel ausgleichen kann, ist die Krankheit therapierbar geworden. Ein erkrankter Mensch oder ein erkranktes Tier muß aber lebenslang behandelt werden. Gleichzeitig ist wichtig, den Hund mehrmals täglich mit exakt bemessenem Futter einer definierten Zusammensetzung zu füttern. Diese Art der Diät muß auf jeden Fall mit dem Tierarzt abgesprochen werden. Wichtig ist, daß hochwertiges Eiweiß enthalten ist und daß die Einzelportionen relativ wenig Kohlenhydrate enthalten. Als Kohlenhydratspender sind Kartoffeln oder Sojabohnenmehl geeignet. Häufig schwankt die Zusammensetzung des selbst zubereiteten Futters stark, daher sollten Sie im Fall des Diabetes mellitus auf industriell gefertigtes Diätfutter für Ihren Hund zurückgreifen.

Bei einer einmaligen Fütterung am Tag würde der Zuckerspiegel einmal rapide in die Höhe schnellen, und trotz der Insulininjektion würden hohe Zuckerkonzentrationen über den Harn verlorengehen. Gleichzeitig stellt diese einmalige massive Erhöhung des Zuckerspiegels im Blut eine große Be-

**Und wenn der Hund noch so sehnsüchtig guckt: Diese Leckereien sind schädlich für ihn!**

Der Kotabsatz muß täglich beobachtet werden.

lastung für den Organismus dar. Bei zuckerkranken Hunden sollten daher die Mahlzeiten auf mindestens drei Portionen verteilt werden, um so den Zuckerspiegel auf einem einigermaßen gleichmäßigen Niveau zu halten. Durch genaue Blutzuckerkontrollen muß der Tierarzt parallel die vom Hund benötigte Menge an Insulin ermitteln.

Weniger bekannt und auch weniger häufig ist eine weitere Erkrankung der Bauchspeicheldrüse: Bei manchen Tieren produziert sie zuwenig Verdauungsenzyme (exokrine Pankreasinsuffizienz), und das erkrankte Tier kann die aufgenommene Nahrung nicht verwerten. Obwohl ein kranker Hund große Futtermengen frißt, bleibt sein Appetit ungebremst. Er scheint nicht satt werden zu können, nimmt nichtdestotrotz aber noch ab. Weil die aufgenommene Nahrung unvollständig verdaut wird, werden unverhältnismäßig große Kotmengen produziert. Ein Hund mit exokriner Pankreasinsuffizienz sollte mit möglichst leichtverdaulichen Eiweißen (Quark, Eier, Muskelfleisch) ernährt werden, und als Kohlenhydratquelle mischt man ihm gekochten Reis oder Instanthaferflocken unter das Futter. Die fehlenden Verdauungsenzyme der Bauchspeicheldrüse können betroffenen Hunden künstlich verabreicht werden. Hierzu wird dem Futter die entsprechende Menge des Verdauungsenzyms zugemischt – es wird quasi vorverdaut –, oder die Verdauungsenzyme werden dem Hund in Form von Kapseln verabreicht. Führen Sie als Hundebesitzer keine Eigendiagnose durch, sondern fragen Sie vor einer Eigenbehandlung Ihren Tierarzt um Rat.

**NIERENERKRANKUNGEN ▸** Wenn etwa 2/3 bis 3/4 der Nieren nicht mehr funktionstüchtig sind, kommt es zu deutlichen Anzeichen einer Nierenerkrankung: Der Hund muß vermehrt urinieren, trinkt bei zurückgehendem Appetit mehr, von Zeit zu Zeit kommen Erbrechen und auch Durchfall als Krankheitssymptome hinzu. Außerdem fällt dem aufmerksamen Besitzer ein unangenehmer Mundgeruch auf. All diese Krankheitsanzeichen treten auf, weil die überforderte Niere es nicht schafft, die wichtigen Stoffe wieder aus dem Harnzurück zugewinnen. Gleichzeitig können Stoffwechselendprodukte, die dringend aus dem Blut ausgeschieden werden müßten, nicht über die Nieren abgeführt werden. Menschen schließt man bei Niereninsuffizienz an ein Dialysegerät an, das die Filterfunktion der Niere für das Blut ersetzt. Im Gegensatz zur Leber kann sich die Niere nach einer Schädigung nicht mehr regenerieren. Mit der Ernährung können Hundebesitzer leider nur darauf abzielen, die genannten Symptome zu lindern und damit die Lebensqualität des Patienten zu verbessern. Wichtig ist in diesem Fall, durch eine genaue tierärztliche Untersuchung festzustellen, welcher Art der Nierenschaden ist, welche Stoffe tatsächlich im Urin enthalten sind, und die Diät entsprechend auszurichten. Da viel Wasser über die Niere ausgeschieden, aber nicht mehr zurückgewonnen werden kann, ist es vor allem wichtig, dem Hund immer Wasser zur Verfügung zu stellen. Problematisch wird dies vor allem dadurch, daß eine entsprechende Menge an Urin gebildet wird und der Hund des öfteren ausgeführt werden muß. Will man das Gassigehen reduzieren, indem man nur begrenzt Wasser zur Verfügung stellt, führt dies zu einer Verschlechterung des Krankheitszustandes.

**TIP**

*Wenn Ihr Hund unter einer Nierenerkrankung leidet und häufig urinieren muß, bieten Sie ihm bitte trotzdem immer ausreichend Wasser an!*

Aus dem Abbau der Eiweiße entsteht Harnstoff, der sich in der Niere zu Nierensteinen verdichten kann, wenn er von der Niere nicht mehr richtig ausgeschieden wird. Durch eine eiweißarme Diät versucht man in solch einem Fall zu erreichen, daß möglichst wenig Harnstoff entsteht. Gleichzeitig müssen dem Hund aber die wichtigen Eiweiße zur Verfügung stehen, die er für die allgemeinen Lebensfunktionen benötigt. Eiweißarmes Futter wird von den Hunden meist verweigert, so daß der Körper anfängt, körpereigenes Eiweiß abzubauen. Dieser Effekt ist in doppelter Hinsicht aber negativ. Einerseits entsteht durch den Abbau körpereigenen Eiweißes ebenso Harnstoff wie durch die Verwertung des zugefütterten Eiweißes. Gleichzeitig wird der Hund schwächer, verliert seine Fähigkeit zur Infektionsabwehr, wird dadurch anfälliger für Erkrankungen, und der gesamte Gesundheitszustand verschlechtert sich zunehmends. Die Futteraufnahme ist also eine wichtige Voraussetzung zur Aufrechterhaltung der Gesundheit.

Bei Nierenpatienten ist es sehr wichtig, die Tagesration auf mehrere Mahlzeiten zu verteilen. Das hat den Vorteil, daß sich der Entgiftungsprozeß der Nahrung auf mehrere kleine Mengen verteilt.

Das Futter sollte außerdem wenig Phosphat, aber vermehrt B-Vitamine enthalten. Bei Erbrechen und Durchfall kann es notwendig werden, die verlorenen Elektrolyte (s. o.) zu ergänzen. Fragen Sie im Zweifelsfall immer Ihren Tierarzt um Rat.

**TIP**

*Damit sich der nierenkranke Hund eines gesunden Appetits erfeuen kann, ist es sogar gestattet, das Diätfutter für die drei bis vier Mahlzeiten am Tag mit dem Lieblingsfressen zu vermischen.*

**Harnsteine** Harnsteine treten beim Hund vergleichsweise häufig auf. Da bei Hündinnen die Harnröhre kurz ist und es auf diesem kurzen Weg selten zu einer Verstopfung kommt, werden die meisten Harnsteine beim Rüden festgestellt, bei dem es wegen der Lage und des Verlaufs der Harnröhre häufiger Probleme gibt.

Bevor Sie mit der Diät anfangen, ist es wichtig, die Zusammensetzung der Steine festzustellen. Am häufigsten tritt der Struvitstein auf. Seine Bildung wird durch hohe Eiweiß-, Magnesium- und Phosphorgehalte im Futter bei gleichzeitigem Vorliegen einer Blasen- oder Harnwegsinfektion begünstigt. Wird wenig Urin gebildet, weil der Hund insgesamt wenig Flüssigkeit aufnimmt, steigt das Risiko weiter. Hinzu kommt der Säuregrad (pH) des Urins. Manche Steine bilden sich eher im sauren, andere im basischen Milieu.

Weitere Harnsteine können sein: Zystinsteine, Kalziumoxalatsteine, Harnsäuresteine und Silikatsteine.

Da jeder dieser Steine aus anderen Ausgangssubstanzen aufgebaut ist, ist eine genaue Analyse die Voraussetzung für eine gezielte Diät. Durch die Diät muß auch gleichzeitig Einfluß auf den Säuregrad des Harns genommen werden, da sich insbesondere kleinere Steine auflösen können, wenn man den Säuregrad entsprechend verändert. Die Diät hat also zum Ziel, die Ausgangssubstanzen für die Bildung der Steine nur in so geringen Mengen wie nötig zu enthalten und den pH-Wert des Urins so zu beeinflussen, daß sich die Steine gar nicht erst bilden können oder sich sogar auflösen. Gleichzeitig ist es wichtig, die Flüssigkeitsaufnahme des Hundes zu steigern, um den Harnfluß anzukurbeln. Bei gesunden Hunden kann dies durch moderates Salzen des Trinkwassers erreicht werden. Die vermehrte Flüssigkeitsaufnahme hat dann in der Blase einen Verdünnungseffekt, der wiederum schlechtere Voraussetzungen zur Bildung von Steinen schafft. Bei alten und kranken Tieren muß davon jedoch abgesehen werden.

**HERZERKRANKUNGEN ▸** Eine Herzerkrankung beim Hund bedeutet in der Regel, daß das Herz zu schwach ist, die von ihm geforderte Leistung zu erbringen. Die Folge davon ist, daß die Organe, insbesondere die Niere, weniger gut durchblutet werden. Aufgrund eines körpereigenen Mechanismus führt diese Minderdurchblutung dazu, daß weniger Natrium über die Niere ausgeschieden und vermehrt im Körper zurückbehalten wird. Dies wiederum bedeutet, daß die Natriumzufuhr über die Nahrung entsprechend gedrosselt werden sollte. Normales Hundefutter für gesunde Hunde enthält für solche Patienten in jedem Fall zuviel Natrium. Der Natriumgehalt des Futters sollte auf keinen Fall 8–10 mg/kg

Am glänzenden dichten Fell erkennt man einen gesunden Hund.

Körpergewicht pro Tag überschreiten. Auf keinen Fall darf der Hund Wurst bekommen, da diese extrem viel Natrium enthält. Ebenso sollte man Nieren und Herz nicht mehr füttern.

Da herzkranke Hunde in der Regel schlapper und matter sind als gesunde, muß auch die Futtermenge diesem Umstand angepaßt werden. Durch die mangelnde Bewegung verbraucht der Hund weniger Energie und nimmt dadurch schneller an Gewicht zu. Diese Gewichtszunahme führt wiederum zu einer zusätzlichen Belastung für das Herz, die man ja vermeiden möchte.

Es kann auch sein, daß herzkranke Hunde weniger Appetit zeigen oder sogar abmagern. In diesem Fall erhält der Hund eine energiereiche, natriumarme und schmackhafte Nahrung. Der Vitaminbedarf ist ebenfalls um das Zwei- bis Dreifache erhöht. Um möglichst »herzschonend« zu füttern, sollten die Mahlzeiten auf drei bis vier Portionen über den Tag verteilt werden.

## ▸ Haut und Fell

Ist das Fell Ihres Hundes glänzend und dicht, können Sie auf Ihren gesunden Hund stolz sein. Im veränderten Erscheinungsbild des Haarkleides äußern sich viele Krankheiten: Die Haut wird fettig oder schuppig, das Fell stumpf und struppig, und die Haare fallen vermehrt aus (s. u.). Stellen Sie dies bei Ihrem Hund fest, sollten Sie auf jeden Fall den Tierarzt konsultieren. Ist keine Erkrankung zu diagnostizieren, muß das Futter überprüft werden, denn in einem Vitamin-, Mineralstoff- oder Fettsäuremangel können ebenfalls die Ursachen für ein verändertes Haarkleid liegen. Stellen Sie die optimale Versorgung Ihres Hundes mit den wichtigen Futterbestandteilen sicher: mit essentiellen Aminosäuren (= Bausteine für Eiweiße, aus denen wiederum unter anderem Haare gebildet werden), ungesättigten Fettsäuren (durch Zugabe von Leinsamen-, Diät- oder Speiseöl), Spurenelementen (insbesondere Zink,

Fallen Ihnen bei Ihrem Hund Haut- und Fellveränderungen auf, ziehen Sie unbedingt Ihren Tierarzt zu Rate.

durch Zinktabletten vom Tierarzt, aber auch Jod, Eisen und Kupfer) und den Vitaminen A, B2, B6 und Nikotinsäure (hat nichts mit dem Nikotin der Zigaretten zu tun!). In der Zeit des Fellwechsels (Frühjahr und Herbst), wenn besonders viele Haare neu gebildet werden müssen, ist es auch wichtig, Ihren Hund ausreichend mit diesen Substanzen zu versorgen. Eine allgemeine Diät bei Haut- und Fellveränderungen von Hunden gibt es allerdings nicht.

## ▸ Futtermittelallergien

Überempfindlichkeiten gegen Futtermittel äußern sich beim Hund in der Regel über die Haut. Es treten Juckreiz, Hautrötungen, nässende Entzündungen und haarlose Stellen auf. Nur wenige Tiere reagieren unter Umständen mit blutigem Durchfall, Blähungen, Erbrechen oder Bauchknurren. Interessanterweise äußern sich bei Hunden auch Allergien gegen eingeatmete Allergene (z.B. Pollen) ebenfalls über die beschriebenen Hautreaktionen.

Die Anzeichen für eine Futtermittelallergie treten meist ganz plötzlich und abrupt auf, obwohl der Hund schon ein bis zwei Jahre mit demselben Futter gefüttert wurde.

In einer Untersuchung reagierten 80 % der Hunde allergisch auf Rindfleisch und/oder Milch, 5 % auf Getreideprodukte und weitere 5 % auf alle möglichen Futterzusätze. Die restlichen Tiere vertrugen kein Schweinefleisch, Pferdefleisch, Huhn, Ei oder Fisch. Futtermittelallergien können sowohl gegen Fertigfuttermittel als auch gegen selbstgekochtes Futter auftreten. Da sich das Allergen (= der Stoff, der die Allergie auslöst) also in vielen Futtermitteln befinden kann, ist es nicht ausreichend, nur das Futter zu wechseln. Der Hund muß eine sogenannte hypoallergene Diät erhalten. In diesem Diätfutter sind nur solche Nahrungsmittel enthalten, mit denen der Hund aller Voraussicht nach vorher keinen Kontakt hatte, wie zum Beispiel Hammelfleisch und Reis. Mit der Diät wird begonnen, nachdem der Magen-Darm-Trakt durch einen Fastentag und unter Umständen durch Einläufe völlig entleert wurde und dann frei von Nahrungsallergenen ist. Erste Erfolge stellen sich frühestens nach einer, meistens jedoch erst nach drei bis vier Wochen Diätfütterung ein. Da es sehr aufwendig ist, die für die Allergie verantwortliche Substanz herauszufinden, ist es am besten, die hypoallergene Diät lebenslang zu füttern. Einem Hund mit einer unklaren Futtermittelallergie darf man natürlich keine Hundekuchen oder sonstigen Leckerchen oder Vitamintabletten und Ergänzungsfuttermittel geben. Auch darin können Allergene enthalten sein.

### Krankenkost

Grundsätzliches zur Ernährung des kranken Hundes:
Auf jeden Fall muß die weitere Ernährung des Hundes mit dem Tierarzt abgesprochen werden. Nur er kann die möglichen Einflüsse und Wechselwirkungen zwischen Diätfutter und Krankheit beurteilen. Für den Erfolg einer Diätfütterung ist er allerdings auf die aktive Mithilfe und auf die besondere Zuverlässigkeit der Hundebesitzer angewiesen.

Ohne Ihre Mithilfe in Form von Beobachtungen und der konsequenten Diätfütterung bleiben auch die Bemühungen Ihres Tierarztes erfolglos. Für die Einführung von Diätfuttermitteln gilt das gleiche wie für jede Futterumstellung: Wenn Sie Ihrem Feinschmecker das Diätfutter portionsweise unterschmuggeln, sind Ihre Bemühungen eher von Erfolg gekrönt. Leider gibt es auch Nahrungsspezialisten, die sich kein »X für ein U« vormachen lassen und die beim geringsten Täuschungsversuch schon das gesamte Futter ablehnen. Für die Gesundheit und Erhaltung der Lebensqualität Ihres vierbeinigen Begleiters kann aber Konsequenz von lebenswichtiger Bedeutung sein.

# Futterbestandteile

# Futterbestandteile



## ▸ Futterkomponenten

Jede Nahrung, jedes Futter ist grundsätzlich aus vier Komponenten aufgebaut: Wasser (Feuchtigkeit), Eiweiß, Fett und Kohlenhydrate. Diese verschiedenen Futterbestandteile zerlegt der Organismus zunächst in ganz kleine Bausteine, aus denen er dann wieder die Verbindungen aufbaut, die er zum Wachstum, zur Regeneration von Zellen und zur Erhaltung der Körpersubstanz braucht.

Der **Wassergehalt** eines Futters wird in Prozent (%) Feuchtigkeit angegeben. Der Körper nimmt Wasser direkt auf und deckt somit den Gesamtflüssigkeitsbedarf des Organismus ab.

## ▸ Eiweiße

**ROLLE IM STOFFWECHSEL ▸** Die kleinsten Bausteine der Eiweiße (Proteine) nennt man Aminosäuren. Im Körper wirken Eiweiße an allen wichtigen Stellen des Stoffwechsels mit, da sie beispielsweise als Enzyme alle Stoffwechselreaktionen katalysieren. Sie werden zum Bau von Knochen, Sehnen, Bändern, Haut, Haaren und Muskeln benötigt und haben wichtige Aufgaben in der Immunabwehr.

**EIWEISSERNÄHRUNG ▸** Es ist daher verständlich, daß der Hund bei fütterungsbedingtem Eiweißmangel anfälliger für Krankheiten ist als bei ausgewogener Fütterung.

Manche Eiweiße sind für den Körper allerdings besser zu verwerten als andere. Muskelfleisch beispielsweise ist ein sehr hochwertiges Eiweiß, während Schlachtabfälle zum großen Teil im Magen-Darm-Trakt nicht aufgeschlossen werden können und daher fast unverdaut ausgeschieden werden. Im ungünstigen Fall kann Futter daher zwar viel Eiweiß (Protein) enthalten, aber dennoch für den Organismus verhältnismäßig wertlos sein, weil es nicht aufgenommen werden kann.

Im Gegensatz zu Fetten und Kohlenhydraten, die reine Kohlenwasserstoffe sind, enthalten Eiweiße auch Stickstoff.

Rind-, Pferde-, Schaf-, Wild-, Kaninchen- und Geflügelfleisch ist wertvolles Protein tierischer Herkunft und sollte niemals roh gefüttert werden. Es ist ein Irrglaube, daß Hunde »schärfer« werden, wenn man ihnen rohes Fleisch füttert. Rohes Fleisch kann im Gegenteil verschiedene krankmachende Erreger enthalten, die allein durch Abkochen abgetötet werden können (siehe Seite 100). Fleisch ohne Bindegewebsanteile (Sehnen, Bänder etc.) ist hochverdaulich und enthält qualitativ hochwertiges Protein. Je nach dem Fettanteil des verwendeten Fleisches ist der Energiegehalt unterschiedlich hoch.

Schlachtabfälle (Pansen, Netzmagen, Blättermagen, Lunge, Rindereuter) haben einen geringeren Proteingehalt und sind nicht so gut verdaulich wie das schiere Muskelfleisch. Allerdings macht sich dieser Umstand auch finanziell bemerkbar.

**Rindervormägen** Sie bestehen aus Pansen, Netz- und Blättermagen, werden von Hunden sehr gerne gefressen und haben zusätzlich einen recht hohen Vitamingehalt. Ihr Nachteil besteht in der für menschliche Nasen doch beträchtlichen Geruchsbelästigung.

**Lunge** Lungengewebe enthält sehr viel Bindegewebe und hat daher einen relativ niedrigen Nährwert. Die Lungen von Schlachttieren können deshalb gut an übergewichtige Hunde verfüttert werden, deren Gewicht reduziert werden soll. Natürlich muß dann darauf geachtet werden, daß keine Fettreste mehr an der Lunge hängen. Achten Sie bitte bei der Verfütterung von Lunge darauf, daß die Knorpelringe der Luftröhre zerschnitten werden. Bleiben sie ganz, können sie sich unglücklich über die Zunge schieben und diese strangulieren.

**Nicht immer enthält ein Einkaufskorb das richtige Futter für den Hund.**

Ausgewogen ernährt, erfreut sich dieser Jack Russell Terrier bester Gesundheit.

**Milz** Die Milz von Schlachttieren hat einen ähnlichen Energiewert wie die Lunge, da auch sie sehr viele bindegewebige Anteile enthält.

**Leber** Dieses Fleisch ist ein hochwertiger Eiweißlieferant. Sie können gekochte Leber aber aufgrund des hohen Vitamin A-Gehaltes nicht häufiger als einmal pro Woche an Ihren Hund verfüttern. Die Leber ist bei jedem Organismus das Entgiftungsorgan. Man muß daher davon ausgehen, daß sie auch einen erhöhten Anteil an allen möglichen Gift- und Schadstoffen enthält. Auch aus diesem Grund sollten Sie Leber nicht zu häufig selbst essen oder Ihrem vierbeinigen Gefährten geben.

**Niere** Ebenso können auch die Nieren mit Schadstoffen belastet sein, da sie alle Körperflüssigkeiten filtrieren.

**Herz** Herz ist nahezu pures Muskelfleisch und daher sehr fettarm. Aus diesem Grund ist es ebenfalls gut als »Reduktionsfutter« für übergewichtige Hunde geeignet.

**Rindereuter** Sie sind in der Verdaulichkeit ähnlich einzustufen wie Milz und Lunge. Aufgrund des Restmilchgehaltes enthält Euter mehr Kalzium als die anderen Schlachtabfälle.

**Schweine- oder Rinderohren** Sehr bindegewebsreich sind Schweine- oder Rinderohren, die in der Regel getrocknet im Handel sind. Sie sollten nur begrenzt, zum Beispiel als Leckerchen, verfüttert werden.

**Fische** Sie stellen eine hochwertige Proteinquelle bei ausgeglichener Nährstoffzufuhr dar. Fischfleisch sollte immer gedünstet werden. Bei diesem Vorgang wird neben Krankheitserregern auch ein fischeigenes Enzym unwirksam gemacht, das wiederum Vitamin B1 zerstören würde. Große, starre Gräten sollten entfernt werden, kleinere Gräten stellen für Hunde jedoch kein Problem dar. Fischfleisch hat einen hohen Anteil an essentiellen Fettsäuren. Allerdings nehmen Hunde bei übermäßiger Fischfütterung einen Fischgeruch an, der insbesondere bei Wohnungshaltung sehr unangenehm werden kann.

**Eier** Die Streitfrage bei Eiern lautet immer: Soll man sie gekocht oder ungekocht verfüttern? Eiweiß – beziehungsweise in rohem Zustand »Eiklar« – sollte immer gekocht werden, da es in rohem Zustand ebenfalls ein Enzym enthält, das die Eiweißverdauung verhindert. Eidotter kann dagegen roh gegeben werden. Es enthält viele ungesättigte Fettsäuren und kann zur Verbesserung des Haarkleides beitragen. Die Schale kann durchaus ebenfalls verfüttert werden, da sie natürlicherweise viel Kalzium enthält. Aus hygienischen Gründen sollte sie vor der Verfütterung ebenfalls abgekocht worden sein.

**Milch** Sie ist ein hervorragender Kalziumlieferant und enthält zusätzlich Phosphor und verschiedene Vitamine. In der Milch kommt in relativ großen Mengen Milchzucker vor, der von erwachsenen Tieren nicht mehr aufgespalten und verdaut werden kann. Daher reagieren ausgewachsene Hunde bei übermäßiger Milchaufnahme mit Durchfall.

**Quark, Hüttenkäse und Käse** Diese Milchprodukte enthalten ebenfalls qualitativ hochwertiges Eiweiß, das hochverdaulich ist. Sie können daher gut an kranke Hunde verfüttert werden, da sie den Eiweißstoffwechsel nur ganz wenig belasten. In jedem Fall ist es daher sinnvoll, einen Hund an den Geschmack von Hüttenkäse oder Quark zu gewöhnen, damit im Falle einer Erkrankung die Ernährungsumstellung auf Quark und Hüttenkäse leichter fällt. Je nachdem, welcher Quark (Magerstufe, 20 % oder 40 % Fett) oder Hüttenkäse gefüttert wird, enthält das jeweilige Futter mehr oder weniger Energie. Je höher der Fettanteil des Milchproduktes liegt, um so höher ist auch der Energiegehalt. Bei vornehmlicher Quark- oder Hüttenkäsefütterung muß der hohe Phosphoranteil durch Zugabe von Kalzium ausgeglichen werden.

Käse selbst ist in der Regel recht energiereich, da er einen hohen Fettanteil hat. Vom Geruch eines stark riechenden Käses werden die weit empfindlicheren Geruchssinne des Hundes schon vorübergehend beeinträchtigt. Allerdings regenerieren sie sich nach einer gewissen Zeit auch wieder.

**Pflanzliche Eiweiße** Sojaprodukte können zwar ebenfalls verfüttert werden, sind aber nicht so hoch verdaulich, wie tierisches Eiweiß. Gleichzeitig enthalten sie die für verschiedene Körperfunktionen wichtigen essentiellen Aminosäuren in zu geringen Mengen.

## ▸ Fette

Fette werden, wie bereits ab Seite 40 erwähnt, bei der Futtermittelanalyse auf den Futtermittelpackungen als »Rohfett« angegeben. In diesem Begriff sind all jene Substanzen zusammengefaßt, die sich aufgrund der Nachweismethodik der Futtermittelanalyse als Fette darstellen lassen. Allen Fetten ist gemeinsam, daß sie sich in Wasser nicht lösen, sondern nur in bestimmten Lösungsmitteln, wie zum Beispiel Ether. Sie bestehen aus einem Grundkörper (Glycerin), an den eine bis drei Fettsäuren gebunden sind. Diese Fettsäuren können »gesättigt« oder »ungesättigt« sein. »Gesättigt« bedeutet, daß chemisch gesehen in dem Molekül keine Doppelbindungen enthalten sind, an denen noch eine chemische Reaktion ablaufen könnte. »Ungesättigt« heißt, daß Doppelbindungen vorhanden sind. Doppelbindungen in einer Fettsäure

### Erhöhter Energiebedarf

Besonders in Phasen, in denen der Energiebedarf erhöht ist (Leistungshunde etc.), ist eine Fettzugabe zum Futter sinnvoll. Die zugegebene Fettmenge sollte einen Eßlöffel Schmalz oder Pflanzenöl pro Pfund Dosenfutter oder pro Viertelliter Trockenfutter allerdings nicht wesentlich überschreiten.

sind anfälliger für chemische Reaktionen. Fette, die Fettsäuren mit vielen Doppelbindungen enthalten, werden daher eher ranzig als andere. Je mehr Doppelbindungen enthalten sind, um so flüssiger ist das entsprechende Fett. Während tierische Fette (Rindertalg, Butter, Schmalz) eher gesättigte Fettsäuren enthalten, sind pflanzliche Fette in der Regel aus ungesättigten Fettsäuren zusammengesetzt und daher flüssig (Sonnenblumen-, Leinsamen- und Distelöl). Gleichzeitig werden pflanzliche Fette schneller ranzig.

**FUNKTION ▸** Die biologische Bedeutung des Fettes liegt vor allem in seiner Funktion als Reservestoff. In Zeiten des Nahrungsüberschusses kann der Körper die Energie in Form von Depotfett speichern, um sie in Zeiten des Nahrungsmangels wieder zu aktivieren. Fett hat die Eigenschaft, bei kleinem Volumen große Mengen an Energie zu enthalten. Was biologisch gesehen sinnvoll ist, hat ernährungsphysiologisch gesehen Vor- und Nachteile: Der Vorteil besteht darin, daß es durch Fettzusatz möglich wird, das Futter energetisch aufzuwerten, ohne dabei viel »Platz« (sowohl in der Schüssel als auch im Magen des Hundes) zu verbrauchen. Fett enthält mehr als zweimal soviel Energie wie die gleiche Menge an Kohlenhydraten. Fett wird letztlich sogar benötigt, um fettlösliche Vitamine, wie Vitamin A und Karotin, resorbierbar zu machen.

Der Nachteil besteht natürlich darin, daß bei fettreicher Kost, ohne daß ein gesteigerter Energiebedarf besteht, der Körper in gleichem Maß verfettet und übergewichtig wird. Nimmt der Hund nur so viel Nahrung auf, wie er zur Erhaltung seines Energiebedarfes braucht, führt die Fettzugabe dazu, daß der Hund insgesamt weniger Alleinfutter zu sich nimmt und so auf Dauer mit zuwenig Vitaminen, Ballaststoffen und anderen Nährstoffen versorgt wird.

Fette werden durch Einwirken der Gallensäuren und der Enzyme aus der Bauchspeicheldrüse aufgeschlossen und im Dünndarm resorbiert. Obwohl Fette an sich von Hunden gut verdaut werden können, wirken manche Fette beim Hund abführend oder führen auch zu Erbrechen. Wichtig für den Stoffwechsel des Hundes ist vor allem die Fettsäure Linolsäure, die vom Hund nicht selbst gebildet werden kann.

Als Nahrungsergänzung eignen sich alle pflanzlichen Öle (Soja-, Mais-, Son-

Auch bei trächtigen Hündinnen muß der erhöhte Energiebedarf bei der Fütterung berücksichtigt werden.

**Für kurze Sprints sind Kohlenhydrate die richtige Energiequelle.**

nenblumen-, Distel-, Leinsaat- oder Olivenöl) und auch tierische Öle und Fette, wie zum Beispiel Rindertalg, Schweineschmalz oder Fischöl.

### TIP

*Die Fettsäure Linolsäure muß Hunden zugefüttert werden. Enthalten ist sie vor allem in pflanzlichen Ölen, aber auch im Öl von Kaltwasserfischen. Die Zugabe von einem Teelöffel Pflanzenöl pro Viertelliter Trockenfutter ist ausreichend, um den Bedarf des Hundes an Linolsäure zu decken.*

### ▸ Kohlenhydrate

Der Name dieser Stoffgruppe sagt schon aus, aus welchen Grundstoffen sie besteht: aus Kohlenstoff (C) und Hydrat, also Wasserstoff und Sauerstoff. Kohlenhydrate kommen im wesentlichen in Pflanzen vor. Im Organismus von Tier und Mensch sind sie beispielsweise wichtige Bestandteile von Knochen, Knorpeln, Bindegeweben und Schleimstoffen.

Nehmen wir Kohlenhydrate über die Nahrung auf, werden sie in ganz kleine Kohlenstoffkörper zerlegt und teilweise als Kohlendioxid ($CO_2$) abgeatmet. Dieses Kohlendioxid wird von den Pflanzen unter Lichteinfluß aufgenommen und in der Fotosynthese wieder zu Kohlenhydraten umgebaut.

Je nachdem, wie groß die Kohlenhydratmoleküle sind, werden einzelne Zucker (Monosaccharide wie Glukose und Fruktose), zwei bis zehn zusammengelagerte Einzelzucker (Oligosaccharide wie Rohrzucker und Milchzucker) und längere »Zuckerketten« (Polysaccharide wie Stärke und Zellulose) unterschieden. **Glukose** und **Fruktose** kommen in süßen Früchten und im Honig vor.

Unser aus Zuckerrohr und Zuckerrüben gewonnener Zucker ist das Oligo- oder eigentlich Disaccharid **Saccharose**, da es nur aus zwei Einzelzuckern besteht.

Genauso bekannt ist der **Milchzucker**. Er ist ebenfalls aus zwei Einzelzuckern zusammengesetzt und ein wichtiger Energielieferant für Neugeborene. Mit dem Erwachsenwerden geht bei Hunden die Fähigkeit zum Abbau von Milchzucker verloren. Der Milchzucker gelangt daher unaufgespalten in den Darm und »zieht« dort Flüssigkeit »an«. Daher entsteht bei erwachsenen Tieren Durchfall, wenn sie Milch bekommen. Gleichzeitig wird Milchzucker aus diesem Grund auch als natürliches Abführmittel eingesetzt.

**Polysaccharide** haben nicht mehr den für die anderen Zucker typischen süßen Geschmack. Sie dienen den Pflanzen als Gerüstsubstanzen und als Reservestoffe. Das vom tierischen Organismus gebildete Polysaccharid »Glykogen« dient ebenfalls als Energiereserve. Ist genügend Glykogen vorhanden, werden alle weiter anfallenden Kohlenhydrate als Reservefette im Körper gespeichert.

Während **Stärke** von den körpereigenen Enzymen aufgeschlossen werden kann, ist dies bei der **Zellulose** nicht möglich. Zellulose zählt daher zu den sogenannten Ballaststoffen (siehe S. 98). Stärke ist in Getreide, Kartoffeln, Reis oder Nudeln, Gemüse und Obst enthalten. Früher wurde zum Beispiel Kartoffelstärke zum »Stärken« der Hemdenkragen verwendet.

Natürlich enthalten auch Kekse, Schokolade, Kuchen und sonstige Naschereien, die eigentlich weder zur vernünftigen Ernährung des Hundes noch des Menschen beitragen, jede Menge

So lecker Milch auch schmeckt; sie kann bei erwachsenen Tieren zu Durchfällen führen.

Kohlenhydrate. Daraus folgt, daß bei einer übermäßigen Fütterung dieser Dinge auch im Übermaß Kohlenhydrate anfallen, die dann in Form von Fett gespeichert werden und dick machen. Hinzu kommt, daß nach dem Verzehr von Süßigkeiten ausgewogene Nahrung in geringeren Mengen gefressen wird und der Hund so auf Dauer mit Vitaminen und Nährstoffen mangelhaft ernährt wird. Abgesehen von den Zahnschäden, die in der Folge auftreten können (denn welcher Hund putzt sich schon nach dem Genuß von Schokolade die Zähne?), enthält Schokolade Theobromin, einen Arzneimittelwirkstoff, der zur Entwässerung eingesetzt wird. Da Hunde diesen Stoff langsamer ausscheiden als Menschen, kann es bei übermäßiger Schokoladenfütterung auch zu Vergiftungen kommen.

**So weit lassen Sie es als verantwortungsbewußter Hundebesitzer bitte nie kommen!**

**Getreideschrote** Das sind gemahlene Getreidekörner, die durch den Mahlprozeß vorzerkleinert wurden.

**Getreideflocken** Zur Herstellung von Getreideflocken (z. B. Haferflocken) müssen erst die Hüllen des Korns entfernt werden, wodurch viele Rohfasern (Ballaststoffe) verloren gehen. Durch die beim Produktionsprozeß einwirkende Wärme und das Walzen des Getreides wird gleichzeitig die Verdaulichkeit verbessert. Haferflocken weisen einen sehr hohen Gehalt an Fett und ungesättigten Fettsäuren auf, was sie besonders auszeichnet. Aus diesem Grund werden sie in der Hundefutterherstellung besonders gerne verwendet.

**Weizenkeime** Sie enthalten viel Vitamin E und sind wegen ihres hohen Gehaltes an ungesättigten Fettsäuren auch in der menschlichen Ernährung sehr geschätzt.

**Brot** Wenn man Hunden Brot füttert, sollte man nie frisch gebackenes geben, da dies zu Verdauungsproblemen führen kann. Auf gar keinen Fall darf der Hund verschimmeltes Brot erhalten. Dies kann die Leber irreparabel schädigen.

**Nudeln** Sie sind in ihrer Zusammensetzung dem Brot sehr ähnlich und sind ebenfalls hauptsächlich Energieträger, ohne viel Eiweiß zu enthalten.

**Reis** Wenn Sie Ihrem Hund Reis verfüttern, geben Sie bitte ungeschältem Reis gegenüber poliertem den Vorzug. Der ungeschälte Reis enthält in seiner Schale auch noch Vitamine, die dem polierten verlorengegangen sind. Reis kann selbstverständlich nur gekocht verfüttert werden. Er dient vor allem, wie auch Nudeln, als Energielieferant und wird von den Hunden gern gefressen.

**Kartoffeln** Während rohe Kartoffeln unverdaulich sind, werden gekochte Kartoffeln von unseren Vierbeinern gut verdaut und gern gefressen. Sie enthalten relativ viel Kalium, und es empfiehlt sich, Kartoffeln mit der Schale zu kochen und zu verfüttern, da dadurch der Verlust an wasserlöslichen Vitaminen so gering wie möglich gehalten wird.

**Gemüse** Alles Gemüse enthält viel Wasser, Kohlenhydrate und einen hohen Rohfaseranteil (Ballaststoffe), aber kaum Eiweiß und Fett. Es eignet sich daher zum »Strecken« des Futters für übergewichtige Vierbeiner. Sofern Ihr Hund es akzeptiert, können Sie beispielsweise Salat, in feine Streifen geschnitten, oder geraspelte Möhren unter das Futter mischen. Ohne den Energiegehalt zu erhöhen, nimmt die Futtermenge auf diese Weise zu, und das Sättigungsgefühl im Magen stellt sich daher eher ein. Wenn Sie Ihrem Hund Erbsen oder Bohnen füttern, sogenannte Hülsenfrüchte, werden stärkere Blähungen beobachtet. Wie auch für die menschliche Ernährung sollten Bohnen nur abgekocht verfüttert werden. Sojabohnen sind in ihren Eigenschaften den Erbsen und Bohnen sehr ähnlich, jedoch haben sie einen höheren Fett- und Eiweißanteil. Auch Sojabohnen sollten vor dem Verzehr erhitzt werden.

Knoblauch und Zwiebeln werden oft fälschlicherweise als Vorbeugung gegen Floh- oder Zeckenbefall und als Be-

»Wer bedient sich denn da aus unserem Napf?«

handlung gegen Würmer empfohlen. Gegen dieses Ungeziefer helfen sie ähnlich zuverlässig wie gegen Vampirbisse. Hunde reagieren dagegen extrem empfindlich gegen einen Wirkstoff des Knoblauchs, der im ungünstigsten Fall dazu führen kann, daß der Hund eine Blutarmut entwickelt.

**TIP**

*Bitte füttern Sie Ihrem Hund keine knoblauchhaltigen Speisen! Er kann auf einen der Inhaltsstoffe von Knoblauch möglicherweise mit Blutarmut reagieren.*

**Obst** Wenn Ihr Hund es überhaupt mag, kann Obst wie Gemüse in geringen Mengen bedenkenlos verfüttert werden. Bei Steinfrüchten muß der Kern natürlich entfernt werden, da er zu einem Darmverschluß führen kann. Bei Bananen sollte der relativ hohe Energiegehalt beachtet werden.

**Nüsse** sind sehr fett- und damit ebenfalls sehr energiehaltig.

## Ballaststoffe

Als Ballaststoffe gelten all die Stoffe, die nach der Passage des Dünndarms nicht verdaut sind und nur noch mit Hilfe von Dickdarmbakterien aufgeschlossen werden können. Ballaststoffe regen die Darmtätigkeit an und führen dadurch zu einer schnelleren Passage des Nahrungsbreis durch den Magen-Darm-Trakt. Wenn Sie ballaststoffreiches Futter geben, bleibt dem Darm nicht genügend Zeit, alle Nahrungsstoffe gründlich aus dem Futterbrei zu resorbieren. Die Verdaulichkeit des Futters sinkt, und die ausgeschiedene Kotmenge steigt. Der Zusatz von Ballaststoffen ist besonders dann sinnvoll, wenn Sie Ihrem Hund eine Schlankheitskur verpassen wollen.

Um den Nährwert des Futters optimal auszunutzen, sollte im normalen Futter der Anteil an Ballaststoffen 4 % der Futtertrockensubstanz nicht übersteigen.

Gras ist ebenfalls ein Ballaststofflieferant. Auch wenn sich Ihr Hund im Anschluß an den Grasgenuß gelegentlich erbrechen muß, sollten Sie das Grasfressen nicht unterbinden.

## Hundefutter selbst gemacht

Möchten Sie nun Ihr Hundefutter selbst herstellen, müssen Sie darauf achten, daß alle notwendigen Komponenten des Futterplans darin enthalten sind.

In der Tabelle (siehe S. 114) finden Sie die drei Komponenten Eiweiß, Fett

und Kohlenhydrate nebeneinander aufgelistet und können so eine Substanz aus einer Spalte mit je einer beliebigen Substanz der beiden anderen Spalten kombinieren. Die Tabelle hilft

**TIP**

*Alle rohen Futtermittel tierischer Herkunft müssen immer gekocht werden. Wenn Sie das rohe Fleisch, die Schlachtabfälle oder die Innereien einfrieren, werden dabei die krankmachenden Keime nicht abgetötet!*

Ihnen dabei, die richtige Nahrung in der annähernd richtigen Menge an Ihren Hund zu verfüttern. Besonders scharf gewürzte oder gesalzene Speisen sollten allerdings nicht verfüttert werden, genausowenig wie Kuchen- oder Tortenreste auf den Speiseplan gehören.

**TIP**

*Bleiben Nudeln, Kartoffeln, gekochter Reis, etwas Rinderbraten und Karotten übrig, spricht nichts dagegen, dem Hund daraus eine Mahlzeit anzurichten. Sollte Ihr Hund allerdings eine empfindliche Verdauung haben, ist es ratsamer, das gewohnte Futter beizubehalten.*

Da es immer schwierig ist, den Vitamin- und Mineralstoffgehalt von selbsthergestelltem Futter abzuschätzen, empfiehlt es sich, in Maßen Ergänzungsfuttermittel, also ein Vitamin- und Mineralstoffpräparat, zuzugeben.

**Katzenfutter**

Es spricht nichts dagegen, Ihrem Hund auch Katzenfutter zu verfüttern. Dies ist sehr reich an Eiweiß, da Katzen hier einen höheren Bedarf haben als Hunde. Katzenfutter eignet sich daher vorübergehend für die Erhohlungsphase nach schweren Krankheiten oder Operationen. Da es sehr schmackhaft und stärkend ist, kann es auch der Appetitanregung dienen und eignet sich dazu, Hunde, die an Appetitlosigkeit leiden, wieder zum Fressen zu bringen.
Umgekehrt darf allerdings Hundefutter nicht an Katzen verfüttert werden, da Katzen bei dieser Fütterung in eine Eiweißmangelsituation kommen.

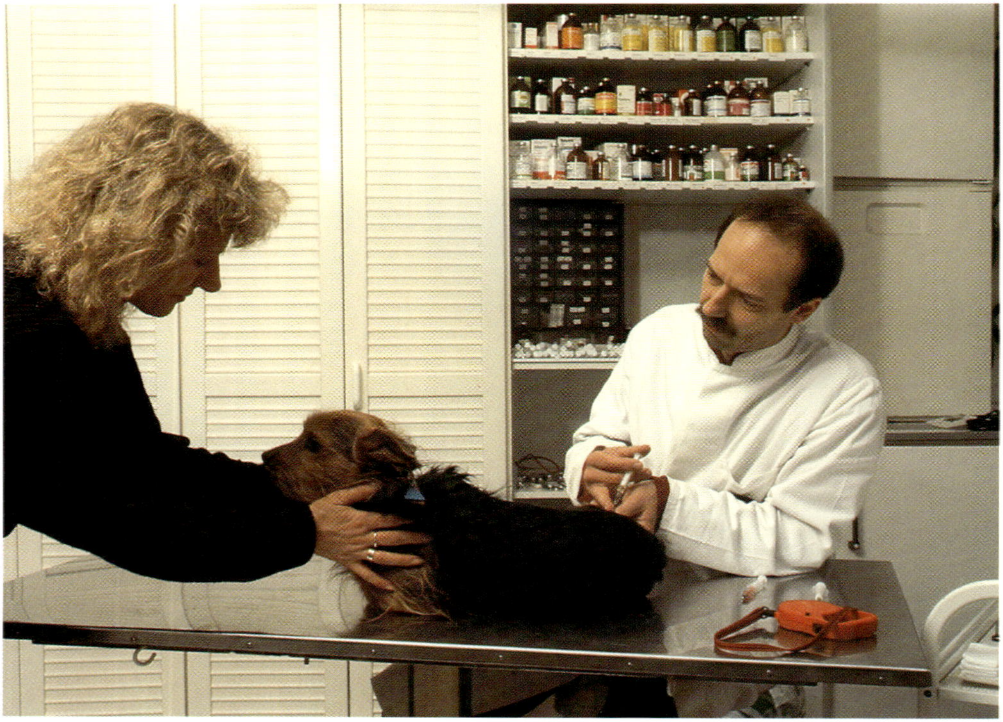

Leider gibt es viele Krankheiten und Erreger, gegen die kein Impfen hilft.

## Krankheitsrisiken vermindern

**AUJESZKY** ▸ Der Erreger der Aujeszkyschen Krankheit ist ein Virus, das vor allem in Schweinebeständen weit verbreitet ist. Da betroffene Schweine zwar infiziert sind, aber nicht unbedingt erkranken müssen, wird die Virusinfektion beim Schwein nicht festgestellt. Die befallenen Schweine werden geschlachtet und das virusinfizierte Fleisch verkauft. Für den Menschen ist die Aujeszkysche Krankheit ungefährlich, für Hunde verläuft eine Infektion dagegen tödlich.

Diese Gefahr können Sie nur bannen, wenn Sie ausschließlich vollständig durchgegartes Schweinefleisch verfüttern. Rind-, Schaf- und sonstiges Fleisch stellt keine Infektionsgefahr dar, sofern es nicht irgendwann mit rohem Schweinefleisch in Berührung gekommen ist.

**BSE (RINDERWAHNSINN)** ▸ Der Erreger des Rinderwahnsinns ist bislang noch unbekannt. Es existieren verschiedene Theorien, wie eine solche Infektion entstehen kann, jedoch sind noch immer viele Fragen offen. Deutschland gilt als BSE-frei, was bedeutet, daß Rinder, die in Deutschland geboren, gehalten und geschlachtet werden, nicht infiziert sind. Man geht davon aus, daß BSE durch die Verfütterung nicht ausreichend hoch erhitzter Futtermittel, die unter anderem von Schafen mit einer als »Scrapie« bezeichneten Krankheit stammen, von diesen auf die Rinder übertragen wird. Da hierbei die sogenannte »Tierartenbarriere« überwunden wird, kann man davon ausgehen, daß diese Barriere möglicherweise auch zwischen anderen Arten überschritten werden kann. Es besteht daher grundsätzlich die Gefahr, daß bei häufigem Verzehr von BSE-infiziertem Fleisch sowohl Mensch als auch Hund erkranken können. Voraussetzung dafür ist allerdings, wie gesagt, die Aufnahme von Fleisch infizierter Tiere.

**ACHTUNG**

*Der BSE-Erreger kann durch Kochen oder andere Garvorgänge nicht abgetötet werden!*

Da Deutschland tierseuchenrechtlich als BSE-frei anerkannt ist, besteht allerdings keine Gefahr, infiziertes Fleisch zu kaufen. Auch Futtermittelhersteller achten mittlerweile genau darauf, woher das von ihnen verwendete Fleisch stammt. Die Risiken einer BSE-Infektion sind daher hierzulande äußerst gering.

**BOTULISMUS ▸** Der Begriff Botulismus leitet sich von dem lateinischen Wort für Wurst = botulus ab. Früher ging die Erkrankung mit dem Verzehr von Wurst einher. Ursache dieser Vergiftung ist ein Bakterium namens *Clostridium botulinum*, das ein entsprechendes Toxin (Gift) bildet. *Clostridium botulinum* kommt vor allem im Erdboden vor und ist weit verbreitet. Vergiftungen treten in der Regel beim Menschen auf, während der Hund auf das Toxin weniger empfindlich reagiert. In unserer Zeit kommt Botulismus vor allem nach dem Verzehr von selbsthergestelltem »Eingemachtem« vor. Besonders betroffen sind hierbei selbsteingeweckte grüne Bohnen und andere Gemüse sowie Blut- und Leberwürste. Die Kochtemperaturen, die beim Einweckprozeß erreicht werden, reichen nicht aus, um diese Bakterien abzutöten. Der Inhalt aufgegangener Einweckgläser oder korrodierter Konserven (Dosen mit aufgetriebenen Deckeln oder Böden) sollte daher unter gar keinen Umständen mehr von Mensch oder Hund verzehrt werden. Industriell produzierte Ware wird unter Druck so hoch erhitzt, daß hier keine Gefahr mehr für eine Infektion mit Clostridien besteht.

**EHEC ▸** EHEC hat vor einiger Zeit großen Wirbel in der Presse verursacht, da nach einer Infektion mit diesen Bakterien einige Kleinkinder unheilbar erkrankten und starben. EHEC steht als Abkürzung für »**E**tero**h**ämorrhagische **E**scherichia **c**oli«. Dies bedeutet zunächst nichts anderes, als daß dieser Keim der Gruppe *Escherichia coli* eine krankmachende, mit Blutungen einhergehende Infektion des Darmes hervorruft. Für Erwachsene ist diese Infektion durchaus zu bewältigen, für Kinder allerdings kann sie tödlich enden. Da auch dieser Erreger in den bekannt gewordenen Fällen nur nach Verzehr nicht erhitzter Lebensmittel tierischer Herkunft (Milch, Hackfleisch) aufgetreten ist, sollten diese Lebens- und Futtermittel grundsätzlich nur durcherhitzt verzehrt werden. Bei Hunden wurden Infektionen mit EHEC bisher nicht beschrieben.

**SALMONELLEN ►** Salmonellen sind in »aller Munde«. Jeder, der schon einmal ein Hähnchen zubereitet hat, weiß, daß dieses aller Wahrscheinlichkeit nach Salmonellen auf der Haut und unter Umständen im Fleisch trägt. Deshalb ist es bei Hähnchen und anderem Geflügel ausgesprochen wichtig, die hygienischen Regeln bei der Zubereitung zu beachten. Dies beginnt schon beim Auftauen des Geflügels: Geflügel sollte im Kühlschrank auf einem Sieb aufgetaut werden, unter dem sich wiederum eine Auffangschüssel befindet, die den Fleischsaft auffängt. Dieser Saft enthält nämlich sehr viele Salmonellen und darf daher nicht auf andere Speisen gelangen. Bei der Zubereitung sollte darauf geachtet werden, daß die Flächen, die mit dem Geflügel in Berührung gekommen sind, mit heißem, am besten fast kochendem Wasser abgespült werden. Natürlich müssen die Hände nach dem Anfassen von Geflügelfleisch gründlich gewaschen werden. Das Fleisch selbst muß bis in den Kern durchgegart sein und eine Kerntemperatur von mindestens 65°C über 10 Minuten gehalten haben. Bei kleinen Stücken, die in Form von Ragout gekocht werden, stellt diese Temperaturanforderung kein Problem dar. Schwieriger wird dies bei ganzem Geflügel, bei dem bis in den letzten Winkel kein rohes Fleisch mehr übrig sein darf. Am besten läßt sich diese

**Salmonellen stellen besonders für junge und alte Tiere eine Gefahr dar.**

Temperatur durch spezielle Einstichthermometer kontrollieren, die in die dickste Stelle des Fleisches gespießt werden.

**TIP**

*Wegen der Gefahr von Salmonelleninfektionen sollten Sie Geflügelfleisch immer durchgaren, bevor Sie es Ihrem Vierbeiner vorsetzen!*

Salmonellen besiedeln auch rohe Innereien und Eier. In Eiern sind sie nahezu immer enthalten, insbesondere wenn diese alt sind und gleichzeitig bei Zimmertemperatur gelagert wurden. Weitere Lebensmittel, die ein Salmonellenrisiko tragen sind Rohmilch, Hackfleisch, Tiermehle und andere. Je nach Art der aufgenommenen Salmonellen (man unterscheidet zur Zeit mehr als 2000 Salmonellenarten), können mehr oder weniger starke Krankheitserscheinungen auftreten. In der Regel äußern sich Salmonelleninfektionen mit Erbrechen und Durchfall. Je nach Widerstandskraft des jeweiligen Tieres können die Krankheitserscheinungen unterschiedlich ausgeprägt sein.

Besonders empfindlich hinsichtlich Salmonellen sind ganz junge und ganz alte sowie kranke Tiere.

**BANDWURMFINNEN ▸** Bandwurmfinnen sind die Vorstadien von Bandwürmern und befinden sich in der

Hunden tut man keinen Gefallen, wenn man sie mit Häppchen vom Tisch fett füttert.

Muskulatur, also im Fleisch, von Rindern, Schweinen oder Mäusen. Werden Mäuse »erbeutet«, gelangt die Finne in den Magen des Hundes und entwickelt sich dort zu einem Bandwurm weiter.

## TIP

*Im Gegensatz zu allen anderen Infektionsmöglichkeiten können Finnen auch durch einen lang andauernden Gefrierprozeß abgetötet werden. Am sichersten ist und bleibt allerdings das Durcherhitzen.*

Wenn Sie das Futter Ihres Hundes ausreichend kochen, wird die Infektionsmöglichkeit mit Bandwurmfinnen im Futter verhindert, da die Finnen durch die hohen Temperaturen abgetötet werden.

**ETHOXYQUIN ▸** Ethoxyquin wird Lebensmitteln und Tiernahrung als Konservierungsmittel zugesetzt, um die Fette und fettlöslichen Vitamine zu stabilisieren und so das »Ranzigwerden« zu verhindern. Die häufig geäußerten Bedenken, Ethoxyquin führe zu Fruchtbarkeitsstörungen, Krebs oder anderen Erkrankungen, konnten durch wissenschaftliche Studien nicht bewiesen werden. Es gibt zur Zeit keine Hinweise dafür, daß Ethoxyquin in der für Heimtierfutter gesetzlich zugelassenen Menge gesundheitsschädigende Wirkungen haben könnte.

**GIFTE ▸** Alle Gifte, die über das Futter eine schädigende Wirkung auf den Hund ausüben können, aufzuzählen und abzuhandeln würde den Rahmen dieses Buches sprengen. Erwähnt seien daher nur die Pilzgifte Aflatoxin und Ochratoxin, die von verschiedenen Schimmelpilzen gebildet werden und beim Hund zu schweren Vergiftungserscheinungen führen können. Verschimmeltes Futter sollte daher immer weggeworfen werden. Weiter können erhöhte Mengen an anderen giftigen Stoffen im Futter enthalten sein, wie Blei, Arsen, Fluor oder Kupfer. Auch durch die Umwelt (Pflanzenschutzmittel, Schädlingsbekämpfungsmittel, Düngemittel etc.) gelangen mehr und mehr Giftstoffe in unsere Nahrungskette und die unserer Hunde. Da wir am Ende dieser Kette stehen, erhalten wir die besagten Umweltgifte am höchsten konzentriert. Insgesamt ist die Belastung der Lebensmittel durch entsprechende gesetzliche Maßnahmen schon deutlich zurückgegangen, jedoch wird sie in unserer industrialisierten Welt nie ganz verschwinden.

## Hinweise

Was darf man nicht füttern?

- rohes Fleisch!
- Knochen
- unverdünnte Milch
- Süßigkeiten
- Knoblauch und Zwiebeln
- Futter aus dem Kühlschrank
- verdorbenes Futter

Was darf man nur gelegentlich und in Maßen füttern?

- Leber
- Fette
- Hülsenfrüchte
- Belohnungshäppchen/Leckerchen

# Service

# Service



**ADIPOSITAS** Übergewicht, Fettsucht

**AD LIBITUM** In Bezug auf die Fütterung bedeutet dieser Begriff, daß ein Hund eine große Portion Futter angeboten bekommt und davon fressen kann, soviel er möchte.

**AKZEPTANZ** Bereitschaft, Futter aufzunehmen

**ALLEINFUTTER** Dienen der vollständigen Deckung des Nahrungsbedarfes eines Hundes

**ALLERGEN** Stoff, der eine Allergie auslöst

**ALLERGIE** Überempfindlichkeitsreaktion des Körpers auf bestimmte Stoffe

**AMINOSÄUREN** Eiweißbausteine, die zum Aufbau von körpereigenen Zellen benötigt werden (z.B. Muskulatur). Aminosäuren, die von außen über die Nahrung zugeführt werden müssen, da sie nicht im körpereigenen Stoffwechsel hergestellt werden können, bezeichnet man als »essentielle« Aminosäuren.

**AMMONIAK** Übelriechendes Gas, das bei der bakteriellen Verdauung von Eiweiß anfällt

**AUJESZKY** Tödliche Viruserkrankung beim Hund; kann durch rohes Schweinefleisch übertragen werden

**BALLASTSTOFFE** Zellulosehaltige Bestandteile der Nahrung, werden nahezu unverdaut wieder ausgeschieden. Entspricht der Bezeichnung »Rohfaser« in der Futtermittelanalyse. Ballaststoffe sind für die Unterstützung der Darmmotorik unerläßlich.

**BEIFUTTER** Zur Belohnung und Beschäftigung des Hundes (Hundekuchen, Leckerlis, Büffelhautknochen, Ochsenziemer usw.).

**BSE** = Rinderwahnsinn. Eine nach der derzeitigen Theorie durch Prionen (infektiöse Eiweißkörper) hervorgerufene Krankheit des Gehirns, die durch Nahrung tierischen Ursprungs übertragen werden kann

**DARMFLORA** Bakterien, die im Darm siedeln und ohne die kein Verdauungsprozeß ablaufen kann.

**DARMMOTORIK** Eigenbewegungen des Darms, die zum Transport des Futterbreis notwendig sind.

**DIABETES MELLITUS** Stoffwechselerkrankung, die zu einer Erhöhung des Blutzuckerspiegels führt, weil von der Bauchspeicheldrüse nicht genügend Insulin produziert wird.

**DIÄTFUTTER** Auf bestimmte Krankheitszustände abgestimmtes Futter, das zur Linderung der Erkrankung verabreicht wird. Eine Diät sollte nur nach tierärztlicher Anordnung gefüttert werden.

- **DIARRHÖE** Durchfall, dünnbreiiger bis flüssiger Kot
- **ELEKTROLYTE** Mineralstoffe
- **ENERGIEGEHALT** Brennwert, gemessen in Joule oder Kalorien, der im Futter enthalten ist
- **ENZYM** Ermöglicht den Ablauf bestimmter chemischer Reaktionen im Körper
- **ERGÄNZUNGSFUTTERMITTEL** Zur Vervollständigung des Futters eingesetzt, beispielsweise um selbstgemachtem Futter Vitamine und Mineralstoffe zuzufügen.
- **ERHALTUNGSBEDARF** Bedarf an Energie und Nährstoffen, den ein Hund zur Aufrechterhaltung seiner Stoffwechselfunktionen hat, ohne daß zusätzlich körperliche Leistungen erbracht werden
- **GALLE** Verdauungsflüssigkeit, die in der Leber gebildet, in der Gallenblase gespeichert und bei Bedarf im Zwölffingerdarm dem Futterbrei zugesetzt wird.
- **GEWICHTSREDUKTION** Gezielt herbeigeführte Gewichtsabnahme
- **JOULE** Einheit der Energie
- **KALORIEN** Veraltete Einheit der Energie (1 Kalorie = 4,18 Joule)
- **KOHLENHYDRATE** Stärke, Zucker
- **MENGENELEMENTE** Mineralstoffe, die im Futter in geringen Mengen (Milligramm-Bereich) enthalten sein müssen
- **mg** Milligramm = 1/1.000 Gramm
- **NÄHRSTOFFE** Fett, Kohlenhydrate und Eiweiße
- **pH-WERT** Maß zur Bestimmung, wie sauer oder alkalisch eine Substanz ist
- **PROTEIN** Eiweiß
- **RESORPTION** Aufnahme von Stoffen
- **ROH (-FETT, -FASER, -ASCHE, -PROTEIN)** Zusammenfassende Bezeichnung aller Fette bzw. Ballaststoffe, Mineralien, Eiweiße, die in einem bestimmten Verfahren (Weender Analyse) ermittelt werden. Diese Bezeichnung hat nichts mit »roh« im Sinne von ungekocht zu tun.
- **SCHLEIMHAUT** Oberfläche von Mund, Speiseröhre, Magen und Darm, die Kontakt mit dem Futter hat und dieses resorbiert.
- **SPURENELEMENTE** Mineralstoffe, die im Futter in geringsten Mengen (Mikrogramm-Bereich) vorhanden sein müssen
- **STOFFWECHSEL** Sämtliche Vorgänge des Aufbaus, Abbaus und der Umwandlung von Stoffen (Nahrungsmittel, Sauerstoff) zur Aufrechterhaltung aller Körperfunktionen
- **VERDAULICHKEIT** Beschreibt das Verhältnis von aufgenommenen zu ausgeschiedenen Futterbestandteilen. Nahrung mit hoher Verdaulichkeit wird nur zu einem geringen Prozentsatz als Kot ausgeschieden.
- **VERSTOPFUNG** Kotabsatz erfolgt nicht oder nur unter großen Anstrengungen.
- **VITAMINE** Für Mensch und Tier lebensnotwendige organische Stoffe, die in bestimmten Mengen aufgenommen werden müssen.
- **ZUSATZSTOFFE** Stoffe, die im Futtermittel bestimmte Wirkungen erzielen sollen (z.B. Haltbarkeit, Geruch, Aussehen verbessern)

## Vitamine – Bedeutung und Vorkommen in den Nahrungsmitteln

| *Vitamin* | *wichtig für* | *enthalten in* |
|---|---|---|
| **fettlöslich** | | |
| A | ▸ den Aufbau von Schleimstoffen und die Abdichtung sämtlicher außen und innen liegender Körperoberflächen (Haut, Schleimhaut, Lunge, Darm, Blase etc.)<br>▸ das Sehvermögen | ▸ Leber<br>▸ Eiern<br>▸ Milch<br>▸ Karotten (eigentlich Beta-Karotin, das der Hund aber in Vitamin A umwandeln kann) |
| D | ▸ Kalziumresorption im Darm<br>▸ Ein- und Ausbau von Kalzium in und aus den Knochen | ▸ Lebertran, Fischöl<br>▸ Leber<br>▸ Milch<br>▸ Eiern |
| E | ▸ Entgiftungsprozesse<br>▸ Infektionsabwehr | ▸ Getreidekörnern<br>▸ Getreidekeimen |
| K | ▸ Blutgerinnung | ▸ Wird von den Darmbakterien synthetisiert und im Darm aufgenommen.<br>▸ Fischmehl<br>▸ Leber<br>▸ grünem Gemüse |
| **wasserlöslich** | | |
| B1 (Thiamin) | ▸ Kohlenhydratstoffwechsel<br>▸ Energiestoffwechsel | ▸ Hefe<br>▸ Schweinefleisch<br>▸ Mühlennachprodukten<br>▸ Magen-Darm-Inhalt von Pflanzenfressern |
| B2 (Riboflavin) | ▸ den Atmungsstoffwechsel der Körperzellen | ▸ Milch<br>▸ Hefe<br>▸ Leber<br>▸ Lunge<br>▸ Vormägen |

| *Vitamin* | *wichtig für* | *enthalten in* |
|---|---|---|
| B6 | ▸ Eiweißstoffwechsel<br>▸ bei Mangel: Wachstumsstörungen und Blutarmut | ▸ meisten Futtermitteln in ausreichender Menge enthalten |
| B12 | ▸ wissenschaftlich noch nicht sicher geklärt | ▸ Futtermitteln tierischer Herkunft in ausreichender Menge enthalten |
| C | ▸ Bindegewebsstoffwechsel<br>▸ bei Mangel: Zahnfleischbluten und Ausfallerscheinungen am Skelett | ▸ Kann vom Hund (im Gegensatz zum Menschen) selbst synthetisiert werden, eine Zufuhr über das Futter erübrigt sich daher<br>▸ Leber, Obst und Gemüse |
| Nikotinsäure | ▸ bei Mangel: Hautentzündungen und Durchfälle | ▸ Fleisch, Schlachtabfällen<br>▸ Lunge, Herz, Pansen<br>▸ Hefe<br>▸ Weizenkleie |
| Biotin | ▸ Kohlenhydrat-, Fett- und Eiweißstoffwechsel<br>▸ bei Mangel: Haarausfall, Schuppenbildung, Juckreiz | ▸ Hefe<br>▸ Leber<br>▸ Milch<br>▸ in geringeren Mengen in Getreide |
| Folsäure | ▸ bei Mangel: Blutarmut, Anfälligkeit für Infektionen, geringes Wachstum | ▸ grüne Blattgemüse<br>▸ Leber<br>▸ Niere |
| Pantothensäure | ▸ Stoffwechsel | ▸ meisten Futtermitteln in ausreichender Menge enthalten |

## Mineralstoffe – Bedeutung und Vorkommen in den Nahrungsmitteln

| *Mineralstoff* | *benötigt für* | *enthalten in* |
|---|---|---|
| Kalzium | ▸ Knochenaufbau und -stabilisierung<br>▸ Kontraktionsfähigkeit der Muskulatur | ▸ Knochen- und Tiermehlen<br>▸ Milcherzeugnissen |
| Phosphor | ▸ Knochenaufbau und -stabilisierung | ▸ allen gängigen Futtermitteln |
| Magnesium | ▸ Eiweiß-, Kohlenhydrat- und Fettstoffwechsel<br>▸ Muskelkontraktion | ▸ allen gängigen Futtermitteln |
| Natrium | ▸ Aufrechterhaltung des Säure-Basen-Gleichgewichts im Blut<br>▸ Regulation des Wasserhaushaltes | ▸ allen gängigen Futtermitteln |
| Kalium | ▸ Aufrechterhaltung des Säure-Basen-Gleichgewichts in den Körperzellen | ▸ allen gängigen Futtermitteln |
| Eisen | ▸ Sauerstofftransport im Blut | ▸ Muskelfleisch, Leber, Milz |
| Kupfer | ▸ Blut- und Pigmentbildung | ▸ Leber, Herz, Euter, Pansen |
| Zink | ▸ Hautaufbau<br>▸ Haarstoffwechsel | ▸ Rindfleisch, Leber, Herz, Lunge |
| Mangan | ▸ Enzymaufbau | ▸ allen gängigen Futtermitteln |
| Jod | ▸ Schilddrüsenfunktion | ▸ Jodsalz |
| Selen | ▸ Infektionsabwehr | ▸ Muskelfleisch |

## Bedarf an Mineralstoffen, Spurenelementen und Vitaminen

| *Substanz* | *Bedarf pro kg Körpergewicht und Tag* | |
|---|---|---|
| | *ausgewachsene Hunde* | *wachsende Hunde* |
| Kalzium | 100 mg | 260 mg |
| Phosphor | 75 mg | 200 mg |
| Kalium | 55 mg | 260 mg |
| Natrium | 50 mg | 150 mg |
| Magnesium | 10 mg | 20 mg |
| Eisen | 1,3 mg | 2,3 mg |
| Kupfer | 0,16 mg | 0,32 mg |
| Mangan | 0,11 mg | 0,22 mg |
| Zink | 1,10 mg | 2,20 mg |
| Linolsäure | 150–200 mg | 200–650 mg[1] |
| Jod | 15 mg | 80 mg |
| Vitamin A | 110 I.E. | 220 I.E. |
| Vitamin D | 11 I.E. | 22 I.E. |
| Vitamin E | 1,1 I.E. | 2,2 I.E. |
| Vitamin $B_1$ | 20 mg | 40 mg |
| Vitamin $B_2$ | 45 mg | 90 mg |
| Vitamin $B_6$ | 20 mg | 50 mg |
| Vitamin $B_{12}$ | 0,5 mg | 1,0 mg |
| Panthothensäure | 220 mg | 440 mg |
| Nikotinsäure | 250 mg | 500 mg |

[1] Der Bedarf an Linolsäure beim wachsenden Hund variiert in Abhängigkeit vom Lebensmonat und dem zu erreichenden Endgewicht. Pro 100 kcal (418kJ) sollten etwa 270 mg Linolsäure im Futter enthalten sein.

## Welche Tischreste darf mein Hund haben?

So funktioniert die Tabelle: Die Mahlzeit setzt sich aus einer eiweißhaltigen (linke Spalte), kohlenhydrathaltigen (mittlere Spalte) und fetthaltigen Komponente (rechte Spalte) zusammen. Innerhalb der Spalten können Sie frei wählen. Die Mengenangaben entsprechen der Tagesration für einen 20 kg schweren Hund.

| *eiweißhaltige Nahrungsbestandteile* | | *kohlenhydrathaltige Nahrungsbestandteile* | | *fetthaltige Nahrungsbestandteile* | |
|---|---|---|---|---|---|
| Rindfleisch | 100 g | Getreideflocken | 170 g | Pflanzenöl | 1 Eßl. |
| Schweinefleisch | 80 g | Haferflocken | 160 g | Schweineschmalz | 1 Eßl. |
| Hühner-/Putenfleisch | 150 g | Erbsen, gekocht | 230 g | Rindertalg | 1 Eßl. |
| Lammfleisch | 52 g | Bohnen, gekocht | 230 g | | |
| Herz | 150 g | Linsen, gekocht | 230 g | | |
| Lunge | 150 g | Karotten | 210 g | | |
| Milz | 150 g | Reis, gekocht | 550 g | | |
| Pansen | 150 g | Nudeln, gekocht | 900 g | | |
| Leber | 125 g | Kartoffeln, gekocht | 900 g | | |
| Niere | 150 g | | | | |
| Eier | 120 g | | | | |
| Quark/Hüttenkäse | 180 g | | | | |
| Emmentaler | 50 g | | | | |

Diese Tabelle ist nicht dazu geeignet, ein komplettes, auf alle Bedürfnisse des Hundes abgestimmtes Futter zusammenzustellen. Sie dient lediglich als Richtschnur, um anfallende (ungewürzte) Essensreste wie Kartoffeln, Reis usw. in einem angemessenen Verhältnis zu den anderen Komponenten zu geben, damit die Mahlzeit möglichst ausgewogen ist. Es ist nicht ratsam, diese Tabelle als Rezeptur für eine dauerhafte Ernährung des Hundes zu verwenden, da es bei selbst zusammengestelltem Futter nie gesichert ist, daß der Hund auch tatsächlich alle lebensnotwendigen Nährstoffe erhält.

# Die Gewichtsentwicklung Ihres Hundes

| DATUM | GEWICHT | BEMERKUNGEN |
|---|---|---|
| | | |

Nach Abschluß des Wachstums sollte zunächst monatlich gewogen werden, um die Gewichtsentwicklung zu beobachten und beurteilen zu können, ob die Futtermenge stimmt. Bleibt das Gewicht konstant, kann der Rhythmus verlängert werden, bis man schließlich ein- bis zweimal jährlich beim Tierarzt wiegen läßt. Bei Ereignissen, die mit einer Veränderung der Stoffwechselsituation einhergehen (Kastration, Erkrankungen, Operationen, Trächtigkeit, Laktation usw.) sollte öfter gewogen werden (wöchentlich bzw. monatlich), bis sich der Stoffwechsel wieder reguliert hat.

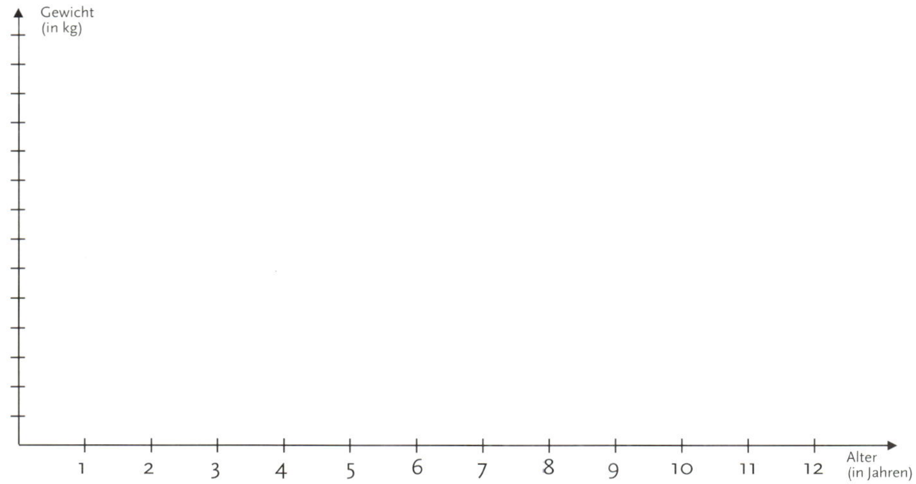


Je nach Hunderasse variiert das Gewicht sehr stark. Darum sollte jeder Hundebesitzer das Ausgangsgewicht selbst auf der vertikalen Achse des Koordinatensystems eintragen.

## Zum Weiterlesen


Beck, Peter: Das Beste für meinen Hund. Profi-Tips für Hundefreunde. Kosmos, Stuttgart 2000.

Becvar, Dr. Wolfgang: Naturheilkunde für Hunde. Grundlagen, Methoden, Krankheitsbilder. Kosmos, Stuttgart 1994.

Case, Linda P.; Carey, Daniel P.; Hirakawa, Diane A.: Ernährung von Hund und Katze. Leitfaden für Tierärztinnen und Tierärzte. Schattauer, Stuttgart-New York 1999.

Durst-Benning, Petra: Kräuterapotheke für Hunde. Kosmos, Stuttgart 1998.

Feddersen, Dr. Dorit: Hundepsychologie. Wesen und Sozialverhalten. Kosmos, Stuttgart 1989.

Kejcz, Yvonne: Unser Hund wird alt. Kosmos, Stuttgart 1994.

Lausberg, Frank: Erste Hilfe für den Hund. Kosmos, Stuttgart 1999.

Lewis, Lon D.; Morris, Mark L.; Hand, Michael S.: Klinische Diätetik für Hund und Katze. Schlüter´sche Verlagsanstalt und Druckerei, Hannover 1990.

Meyer, Helmut: Ernährung des Hundes. Grundlagen und Praxis. Verlag Eugen Ulmer, Stuttgart 1990.

Rakow, Dr. Barbara: Der homöopathische Hundedoktor. Kosmos, Stuttgart 1999.

Rustige, Dr. Barbara: Hundekrankheiten. Kosmos, Stuttgart 1999.

Stein, Petra: Bach-Blüten für Hunde. Kosmos, Stuttgart 1997.

Tellington-Jones, Linda: Tellington-Training für Hunde. Das Praxisbuch zu TTouch und TTeam. Kosmos, Stuttgart 1999.

Wills, J. M.; Simpson, K. W.: The Waltham book of clinical nutrition of the dog and cat. Butler and Tanner, Pergamon 1994.

Zidonis, Nancy A; Soderberg Marie K. : Akupressur für Hunde. Kosmos, Stuttgart 1999.


## Register

**Bildnachweis**

Farbaufnahmen von Peter Beck (3, S. 3 Mitte, 6u, 88), Juniors Bildarchiv (18, S. 4/5, Bohle 51, Botzenhardt 93, Grell 25, Kolmikov 100, Köpfle 56, Neukampff 16, Schanz 42, 67, 73, 86/87, Steimer 22, 35, 52, 79, 96, Wegner 53, Welke 84), Kosmos/Heike Erdmann (2, S. 30, 95), Kosmos/Thomas Höller (13, S. 1, 2 li: 4. Bild, 2ur, 21, 27, 36, 38, 50, 57, 61, 63, 65, 124 Hund), Kosmos/Ralf Roppelt (6, S. 2 li: 2. und 5. Bild, 3ur, 18o, 70, 108), Kosmos/Marc Rühl (2, S. 30, 41), Kosmos/Christof Salata (31, S. 2 li: 1. und 3. Bild, 2or, 60, 10, 15, 17, 19o, 19u, 20, 23, 24, 28, 34, 37, 44, 46, 54, 55, 58, 64, 68/69, 71, 75, 80, 83, 85, 89, 90, 94, 102, 123), Lothar Lenz (5, S. 12, 32/33, 48/49, 98, 106/107), Pedigree Pal (2, S. 31, 92), Reinhard Tierfoto (4, S. 3ul, 9, 60, 76), Ulrike Schanz (4, S. 7, 8, 18u, 59), Kosmos/Sven-Olaf Stange (1, S. 104) und der Autorin (1, S. 124).

Zeichnungen von Marianne Golte-Bechtle (S. 29o) und Milada Krautmann (S. 13, 29u).

**Impressum**

Umschlaggestaltung von Atelier Reichert, Stuttgart, unter Verwendung von drei Fotos aus dem Kosmos-Bildarchiv (Umschlagvorderseite: Christof Salata, Umschlagrückseite: Thomas Höller).

Mit 93 Farbfotos und 3 SW-Zeichnungen.

Alle Angaben in diesem Buch sind sorgfältig geprüft und geben den neuesten Wissensstand bei der Veröffentlichung wieder. Da sich das Wissen aber laufend weiterentwickelt und vergrößert, muß jeder Anwender selbst prüfen, ob die Angaben nicht durch neuere Erkenntnisse überholt sind. Dazu gehört z.B., im Zweifelsfall den Tierarzt zu konsultieren, Beipackzettel zu Medikamenten zu lesen, Gebrauchsanweisungen und Gesetze zu befolgen.

Die Deutsche Bibliothek – CIP-Einheitsaufnahme
Ein Titelsatz für diese Publikation ist bei
Der Deutschen Bibliothek erhältlich.


ISBN 3-440-07938-4
Lektorat: Gisela Bauer-Haffter, Tübingen
Projektleitung: Angela Beck
Grundlayout: Friedhelm Steinen-Broo, eStudio Calamar
Satz und Layout: Andrea Kunkel, Stuttgart
Printed in Czech Republic/ Imprimé en Républic tchèque
Druck und Binden: Těšínská Tiskárna, a. s., Český Těšín

# Hundepaß

NAME

GESCHLECHT

TÄTOWIERUNG

GEWORFEN AM

BEKOMMEN AM

BESONDERE MERKMALE

WICHTIGE ADRESSEN

TIERARZT

TIERÄRZTLICHER NOTDIENST

HUNDEVEREIN

HUNDEPENSION

HAFTPFLICHTVERSICHERUNG

ZOOFACHHANDEL

# InfoLine

**ISABELL TAMMER**

ist Tierärztin. Mit den Problemen der Hundeernährung ist sie aus der täglichen Beratung in der tierärztlichen Praxis vertraut.
Seit ihrer Kindheit lebt Isabell Tammer mit Hunden zusammen.
Ihre eigenen Vierbeiner genießen natürlich eine besonders ausgewogene und leckere Ernährung.

Sie können sich mit Ihren Fragen und Problemen an Isabell Tammer wenden. Schreiben Sie an die »Hunde-InfoLine« (bitte mit Rückporto):

**Kosmos Verlag**
**»Hunde-InfoLine«**
**Postfach 10 60 11**
**D-70049 Stuttgart**